Guía del Viajero al Aprendizaje Automático Responsable

con Beta y Bit

La Guía del Viajero al Aprendizaje Automático Responsable

La versión R

Autores:
Przemysław Biecek, Anna Kozak, Aleksander Zawada

Ilustraciones y portada:
Aleksander Zawada

Traducción:
Juan C. Correa

Revisor:
Yanina Bellini Saibene

Libro flipbook:
`https://betaandbit.github.io/RML_ES/`

English version:
`https://betaandbit.github.io/RML/`

Data y fragmentos de código reproducibles:
`https://github.com/BetaAndBit/RML`

Editorial:
Scientific Foundation SmarterPoland.pl

ISBN:
978-83-65291-14-1

Edición I
Polonia, Varsovia 2022

Ok ¿cómo construyes modelos predictivos de una manera responsable? A menudo esta pregunta me la hacen científicos de datos con diferentes niveles de experiencia. Aparentemente simple pero al mismo tiempo desafiante porque hay diversas orientaciones ortogonales y puntos de vista de partes interesadas que deben abordarse.

El desarrollador de modelos se centra en automatizar el entrenamiento de modelos, monitorear su desempeño, borrar errores, y otros temas del aprendizaje automático. El usuario de modelos se interesa más en la "explicabilidad", transparencia y seguridad, mientras que la imparcialidad, los sesgos, o la ética le interesan a la sociedad. Los reguladores se interesan en las consecuencias de implementar el modelo, especialmente aquellos con impactos de gran alcance.

Al tomar estas perspectivas en cuenta, nos concentraremos en tres elementos esenciales relacionados con el aprendizaje automático responsable (AUR).

Algoritmos - A menudo, para capturar relaciones complejas de la data, necesitas usar algoritmos de aprendizaje automático avanzados y flexibles. Éstos, sin embargo, no deberían ser usados sin comprender cómo funcionan. Por tanto una discusión sobre el modelado responsable debe tocar el tópico de cómo funcionan los modelos complejos.

Software - El entrenamiento de modelos avanzados es un proceso computacionalmente demandante. Los paquetes que facilitan un entrenamiento eficiente son piezas de ingeniería de bajo nivel. Los profesionales usan buenas herramientas, por lo que hablar de modelado responsable debe incluir una sección relacionada con el mejor software.

Procesos - El modelado no es solo sobre planeación, logística, comunicación, fechas y objetivos. El proceso de exploración de los datos y modelos es iterativo y cada iteración nos lleva hacia modelos cada vez mejores. Conocer las herramientas no ayuda mucho si no se sabe cómo y cuándo usarlas. Para hablar sobre modelado responsable necesitamos hablar sobre los procesos que van por detrás de si.

Este libro es una mezcla de todos estos aspectos juntos al tiempo. Aquí encontrarás la intuición detrás de técnicas modernas selectas de aprendizaje automático. Los métodos se complementan con fragmentos de código con ejemplos en lenguaje R[1]. El proceso se muestra a través de un libro con comics con las aventuras de Beta y Bit. La interacción de estos personajes muestra las decisiones que frecuentemente enfrentan los analistas, o bien para probar un modelo diferente, probar otra técnica de exploración o buscar otros datos, preguntas sobre cómo comparar o validar modelos.

Desarrollar modelos es un trabajo responsable y desafiante, pero también una aventura emocionante. A veces, los libros de texto se centran solo en el aspecto técnico, perdiendo toda la diversión. Aquí lo vamos a tener todo.

Przemysław Biecek
Varsovia, 2022

[1] R Core Team. *R: A Language and Environment for Statistical Computing*. R Foundation for Statistical Computing, Vienna, Austria, 2021. URL `https://www.R-project.org/`

En algún lugar de Varsovia
MI DATA LAB
En un edificio de la Universidad Tecnológica de Varsovia. En las oficinas secretas de MI2DataLab
Bit está completamente fascinado con un programa de IA que juega tetris por él
ATARI
Zawada 2021

MENSAJE
MENSAJE
De: Mr. M12
Para: Beta y Bit
Tema: Nueva Tarea
Cuerpo: Alta Prioridad!
Nuestros oficiales en el terreno están operando en un área donde el virsu del SARS-COV-2 se ha identificado. Necesitamos urgentemente un modelo que evalúe el riesgo de muerte por infección.
Necesitamos saber en qué orden debemos vacunar a nuestros oficiales. ¡Tienen 6 horas!

Los modelos predictivos se han usado en toda la historia humana. Los sacerdotes del antiguo Egipto predecían cuándo se inundaría el Nilo o vendría un eclipse solar. Los desarrollos en estadística, el aumento de la disponibilidad de datos y el aumento de la potencia informática facilitan la construcción rápida de modelos y su uso en un número de aplicaciones en veloz crecimiento.

Hoy, los modelos se usan casi en cualquier lado. Para planear la cadena de suministro de grandes corporaciones, para sistemas recomendadores de almuerzos o de películas, o para predecir atascos de tráfico en una ciudad. Los períodicos están llenos de novedosas aplicaciones.

Pero, ¿Cómo se desarrollan tales modelos predictivos?

En las próximas páginas, repasaremos el ciclo de vida de un modelo predictivo de ejemplo[2] desde la fase conceptual, pasando por el diseño, entrenamiento, verificación e implementación. Presentamos un enfoque ágil para construir y explorar modelos de Machine Learning (ML), inspirado en el enfoque ágil para el desarrollo de software.[3]. Los principios fundamentales del ML ágil son: adaptación continua al conocimiento recién adquirido, creación continua de prototipos de la solución, planificación dinámica y comunicación efectiva. El ciclo de vida de un modelo predictivo se resume en el siguiente diagrama.

[2] Usamos un ejemplo construido con datos reales para predecir el riesgo de progresión severa del Covid. Pero el enfoque presentado se puede aplicar a una clase muy amplia de problemas.

[3] Agile manifesto https://en.wikipedia.org/wiki/Agile_software_development

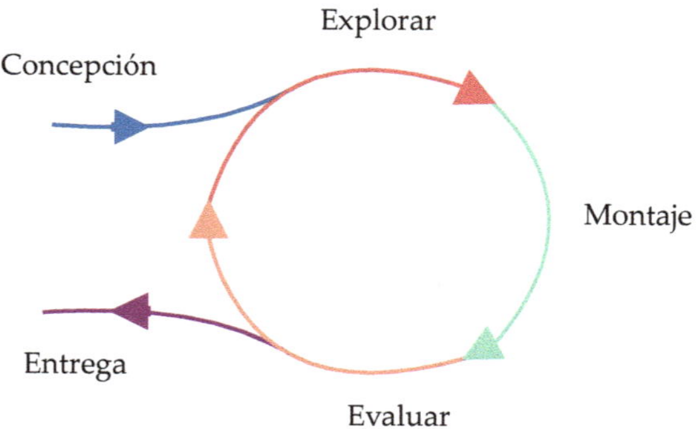

Figura 1: El desarrollo de un modelo predictivo a menudo implica muchas iteraciones. En este libro también, iteración por iteración, construiremos modelos cada vez más complejos, los compararemos con otros y extraeremos información útil a través de varias técnicas de análisis de modelos explicativos (AME).

Las iteraciones posteriores consisten en la exploración de literatura, datos y modelos, ensamblaje de nuevas soluciones y validación tras validación. Además de estos pasos, también mostraremos la fase de conceptualización, en la que se especifica el problema a resolver, y la fase de despliegue, en la que se entrega el modelo final a los usuarios.

Presentamos el ciclo de vida del desarrollo y validación del modelo usando un ejemplo de un modelo de clasificación binaria. Comenzamos con un modelo simple derivado del conocimiento del área y lo extendemos a un modelo de random forest totalmente basado en datos con hiperparámetros ajustados automáticamente. La descripción de los métodos se complementa con fragmentos de código que puede usar para replicar todos los resultados presentados usted mismo. Vale la pena jugar con estos códigos para comprender mejor cómo funcionan los métodos descritos.

Por el espacio limitado, son breves las descripciones de los métodos, los algoritmos de aprendizaje automático y de la inteligencia artificial explicable. Si desea obtener más información sobre el modelado predictivo, le recomiendo encarecidamente el libro *Una introducción al aprendizaje estadístico* (ISL)[4]. Los interesados en una descripción más detallada del análisis modelos exploratorios (AME) y la Inteligencia

[4] Gareth James, Daniela Witten, Trevor Hastie, and Robert Tibshirani. *An Introduction to Statistical Learning: with Applications in R*. Springer, 2013. URL https://www.statlearning.com/

Artificial Explicable (IAE), encontrarán mucho más en el libro *Análisis de modelos explicativos*[5]. Ambos están disponibles en papel, pero también se pueden leer de forma gratuita en formato electrónico.

La aproximación al modelado de este libro está inspirada por el artículo *Statistical modeling: the two cultures* de Leo Breiman[6]. Presenta dos visiones del modelado, uno centrado en construir modelos que refleja las leyes de la naturaleza y otra en la descripción de modelos orientados a la efectividad de predecir un cierto rasgo. Como mostraremos, se puede construir un puente que conecte estas dos visiones. Los modelos efectivos pueden y deben ser usados para extraer conocimiento sobre un área, y tal conocimiento puede ser transformado en modelos aún mucho más efectivos.

[5] Przemyslaw Biecek and Tomasz Burzykowski. *Explanatory Model Analysis*. Chapman and Hall/CRC, New York, 2021. URL `https://pbiecek.github.io/ema/`

[6] Leo Breiman. Statistical modeling: the two cultures. *Statistical Science*, 16(3):199–231, 2001b

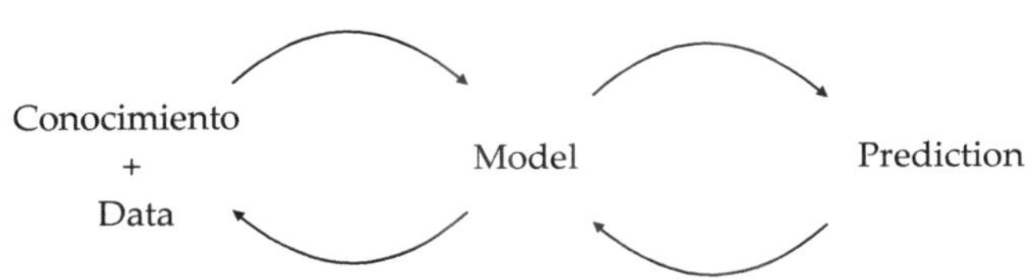

Figura 2: La primera parte de este libro se dedica a la transformación del conocimiento y los datos a un modelo y luego a predicciones. La segunda parte discute cómo aprender a partir de las predicciones, cómo funciona el modelo, y cómo extraer información sobre el asunto a partir del modelo predictivo.

Otro punto interesante del artículo de Leo Breiman mencionado arriba es la perspectiva Rashomon sobre modelado predictivo, i.e., situación en la cual diversos modelos igualmente buenos describen el mismo fenómeno de manera diferente. En este libro, mostraremos cómo evaluar lo que expresan modelos distintos sobre los mismos datos. Introduciremos una pirámide para la exploración de modelos que forma un lenguaje que nos permite mostrar y comparar los resultados de distintos modelos predictivos.

Caso de Estudio SARS-COV-2

Para demostrar cómo luce el aprendizaje automático responsable, usamos datos obtenidos en colaboración con el Instituto Polaco de Salud para modelar la mortalidad luego de infección por Covid. Entendemos que la enfermedad por coronavirus puede evocar sentimientos negativos. Sin embargo, es un buen ejemplo de cómo el modelado predictivo puede impactar directamente nuestra sociedad y cómo el análisis de los datos nos permite lidiar con problemas complejos e importantes.

Todos los resultados en este libro se pueden reproducir de manera independiente usando las instrucciones que acompañan a las piezas de código. Si usted no quiere volver a escribirlas, entonces puede aprovechar todos los ejemplos, datos, y códigos en la siguiente página web book `https://betaandbit.github.io/RML_ES/`. Observe por favor que los datos presentados en este URL son artificialmente generados para reflejar las relaciones de datos reales. No obstante, los datos no contienen información de pacientes reales.

El procedimiento estructurado aquí está presentado para el modelar mortalidad, pero el mismo proceso puede ser replicado para fines de sobrevivencia de pacientes, precios de viviendas, o puntajes de riesgos crediticios.

PREGUNTARÉ A MI AMIGO BIÓLOGO Y DOCTOR
ESCRIBIRÉ UN SCRIPT PARA BUSCAR DATA EN INTERNET
BUSCARÉ DATA SOBRE OTRAS ENFERMEDADES
USARÉ BOT-NET PARA CHATEAR CON INVESTIGADORES EN EL MUNDO
REVISARÉ QUÉ HAY EN REVISTAS CIENTÍFICAS
VOY A EXTRAER DATOS DE FOROS EN INTERNET
SCIENTIFIC AMERICAN
THE CORONAVIRUS PANDEMIC
ATARI

¡AH, MIRA LO QUE ENCONTRÉ!
VAMOS A VERLO EN LA PANTALLA GRANDE
PODRÍAMOS USAR ESTOS DATOS PARA ESTIMAR EL RIESGO Y LISTO
ESPERA. ME PREGUNTO CUÁN BUENO SERÁ ESTE MODELO
1H

¡Hola Mundo!

Al explorar ejemplos de modelos predictivos, uno puede tener la impresión errónea que este ciclo inicia con los datos de internet y acaba con la validación sobre otros datos independientes. Sin embargo, esta es una sobre-simplificación.

Como veremos en un minuto, podemos crear un modelo incluso sin datos crudos.

El ciclo de vida de un modelo inicia con un **problema bien definido**. En este ejemplo, estamos buscando un modelo que evalúe el riesgo de muerte luego de un diagnostico de Covid. No queremos adivinar quien sobrevivirá y quien no. En cambio, queremos construir un puntaje que nos permita ordenar a los pacientes por su riesgo individual. ¿Por qué necesitamos un modelo así? Por ejemplo, aquellos con alto riesgo de muerte podrían recibir mayor cuidado, tal como tanques de oxígeno o vacunación preferencial. Por esta razón, en las siguientes secciones, presentamos y usamos medidas de desempeño que evalúan el ordenamiento de estos puntajes, tales como el área bajo la curva (AUC). Tomaremos una medida de desempeño del modelo adecuada para el problema definido.

Con la definición del problema por resolver, el próximo paso es **recolectar toda la información disponible**. A menudo la solución al problema se encuentra en la literatura, en forma de funciones predicitivas listas para usar, en foros de discusión sobre las medidas o variables más importantes, o con datos.

Si no hay soluciones listas para usar y tenemos que recolectar los datos nosotros mismos, siempre es valioso considerar dónde y qué datos conseguir para construir un modelo con una **muestra representativa**[7]. La representatividad de los datos es un tópico para un libro entero. Los datos incorrectamente recolectados crearán sesgos que son difíciles de descubrir y arreglar.

A un modelo predictivo lo pensamos como una función que calcula ciertas predicciones para unos datos específicos de entrada. Usualmente, tal función está construida sobre los datos. Pero, técnicamente, el modelo puede ser cualquier función definida de cualquier manera.

Nuestro primer modelo estará basado sobre estadísticas recolectadas por el Centro de Control y Prevención de Enfermedades (CDC)[8]. Tal cual; a veces, no necesitamos datos crudos para construir un modelo predictivo. Empezaremos al ingresar una tabla con estadísticas de mortalidad dentro de un modelo.

[7] En nuestro estudio, usamos datos de todos los pacientes muestreados por instituciones de salud entre Marzo y Agosto de 2020. Parecería que los datos recolectados de esta forma estarían libres de sesgo, pero estamos en capacidad de detectar algunos. En Abril, la pandemia se propagó más rápido entre trabajadores mineros de carbón, que tendían a ser hombres jóvenes, y ello pudo haber influenciado las fluctuaciones de mortalidad.

[8] https://www.cdc.gov/

	0—4 years	5—17 years	18—29 years	30—39 years	40—49 years	50—64 years	65—74 years	75—84 years	85+ years
Cases[2]	<1x	Reference group	3x	2x	2x	2x	2x	2x	2x
Hospitalization[3]	2x	Reference group	7x	10x	15x	25x	35x	55x	80x
Death[4]	2x	Reference group	15x	45x	130x	400x	1100x	2800x	7900x

Figura 3: Estadísticas de mortalidad presentadas por la página web de CDC `https://tinyurl.com/CDCmortality` accesados en Mayo de 2021. Esta tabla muestra proporciones comparadas para el grupo de 5-a-17 años (seleccionado como grupo de referencia porque ha sido evidenciado con el número acumulado de casos de covid más grandes comparado con los otros grupos etarios).

Fragmentos de R

Un modelo predictivo es una función que transforma $n \times p$ veces unos datos con p variables para n observaciones en un vector de n predicciones. Para otros ejemplos, más adelante, definimos una función que calcula los chances de muertes relacionadas con Covid sobre estadísticas del CDC para diferentes grupos de edad[9].

```
cdc_risk <- function(x, base_risk = 0.00003) {
  rratio <- rep(7900, nrow(x))
  rratio[which(x$Age < 84.5)] <- 2800
  rratio[which(x$Age < 74.5)] <- 1100
  rratio[which(x$Age < 64.5)] <- 400
  rratio[which(x$Age < 49.5)] <- 130
  rratio[which(x$Age < 39.5)] <- 45
  rratio[which(x$Age < 29.5)] <- 15
  rratio[which(x$Age < 17.5)] <- 1
  rratio[which(x$Age < 4.5)]  <- 2
  rratio * base_risk
}
steve <- data.frame(Age = 25, Diabetes = "Yes")
cdc_risk(steve)
## [1] 0.00045
```

[9] No hubo riesgos para el grupo de referencia en la tabla 3. No es relevante si solo estamos interesados en el ranking de riesgos relativos. Pero para que las predicciones sean más fáciles, aquí usamos el riesgo relativo determinado a partir de los datos Polacos, que son de 0.003% para el grupo de referencia.

Los modelos predictivos pueden tener diferentes estructuras. Para trabajar responsablemente con un gran número de modelos, se necesita una interfaz estadanrizada uniforme. En este libro, usamos la abstracción implementada en el paquete `DALEX` de R[10].

La función `explain` de este paquete crea un *explainer*[11], i.e. un envoltorio para el modelo que le permitirá trabajar uniformemente con objetos de estructuras muy distintas. El primer argumento es un modelo. Puede ser un objeto de cualquier clase. El segundo argumento es una función que calcula el vector de predicciones. El paquete `DALEX` puede a menudo adivinar cuál función se necesita para un modelo específico, pero en este libro, mostramos explícitamente cómo funciona funciona el envoltorio. El argumento `type` especifica el tipo de modelo y la `etiqueta` especifica un nombre único que aparezca en los gráficos.

[10] Przemyslaw Biecek. DALEX: Explainers for Complex Predictive Models in R. *Journal of Machine Learning Research*, 19(84):1–5, 2018. URL `https://jmlr.org/papers/v19/18-416.html`

[11] Explainer es un objecto/adaptador que envuelve un modelo y crea una estructura e interfaz uniforme para operaciones.

```
library("DALEX")
model_cdc <- DALEX::explain(cdc_risk,
               predict_function = function(m, x) m(x),
               type  = "classification",
               label = "CDC")
predict(model_cdc, steve)
## [1] 0.00045
```

Usar la función `explain` puede parecer como una complicación innecesaria por el momento, pero en las próximas páginas, mostramos cómo simplifica el trabajo.

La ventaja más grande de tal objeto construido (explainer) es su estructura estandarizada, en algún grado independiente de la estructura interna del modelo.

¡AJÁ! MIS SUPER CONTACTOS EN NIH NOS PERMITIRÁN TENER DATOS PARA VALIDAR EL MODELO
SOLO UNAS LLAMADAS Y LISTO
PAŃSTWOWY ZAKŁAD HIGIENY
HOLA BIT, ENCONTRAMOS ALGO PARA TI
DATOS
DESCARGANDO
VEO EN MI TELÉFONO QUE ME ENVIASTE DOS TABLAS DE DATOS
POR FAVOR NO LO DIVULGUES. SON DATOS SEMI-OFICIALES

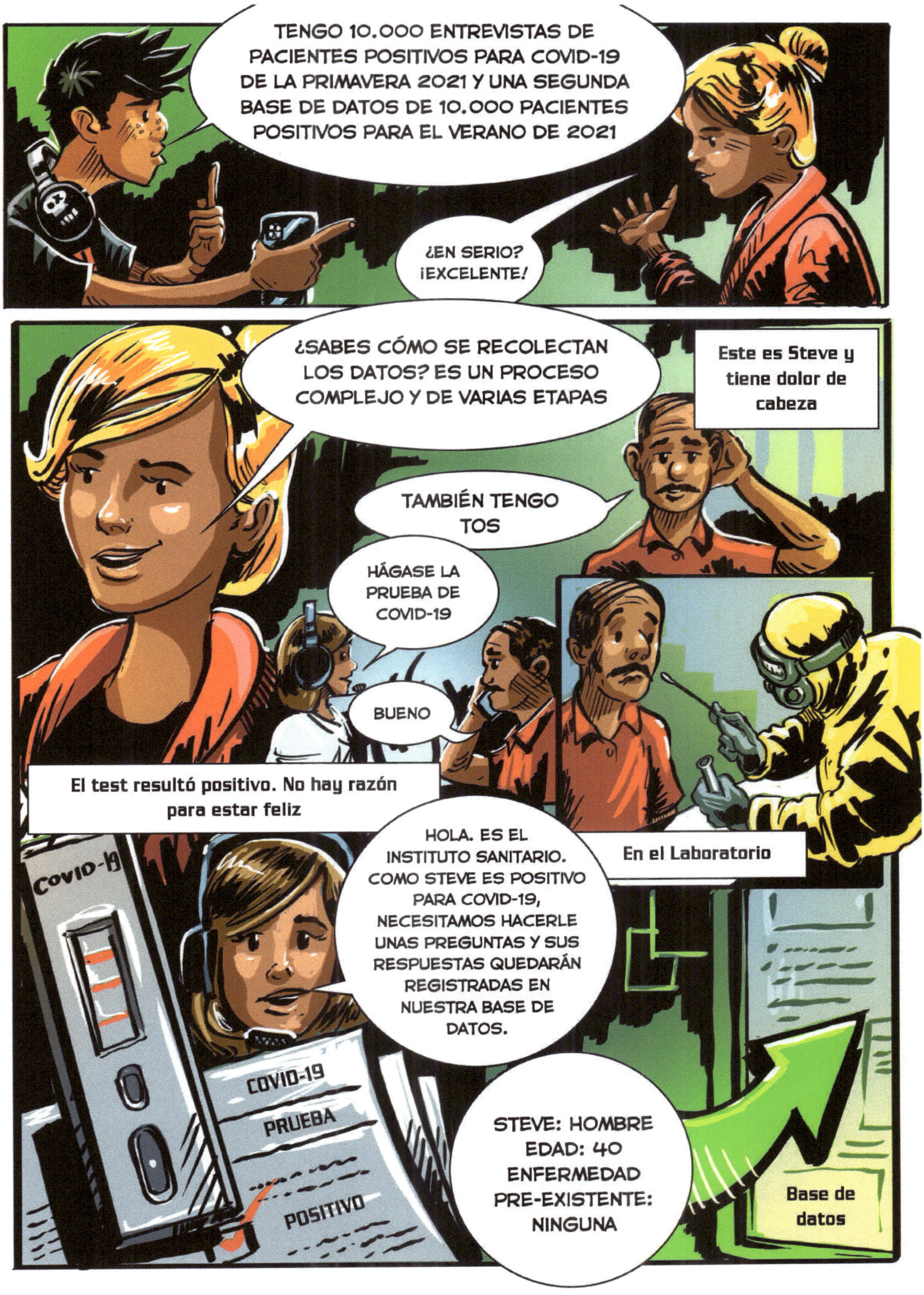

¿SABES CÓMO SE RECOLECTAN LOS DATOS? ES UN PROCESO COMPLEJO Y DE VARIAS ETAPAS

Este es Steve y tiene dolor de cabeza

TAMBIÉN TENGO TOS

HÁGASE LA PRUEBA DE COVID-19

BUENO

En el Laboratorio

El test resultó positivo. No hay razón para estar feliz

HOLA. ES EL INSTITUTO SANITARIO. COMO STEVE ES POSITIVO PARA COVID-19, NECESITAMOS HACERLE UNAS PREGUNTAS Y SUS RESPUESTAS QUEDARÁN REGISTRADAS EN NUESTRA BASE DE DATOS.

COVID-19

COVID-19
PRUEBA
POSITIVO

STEVE: HOMBRE
EDAD: 40
ENFERMEDAD PRE-EXISTENTE: NINGUNA

Base de datos

Análisis Exploratorio de Datos (AED)

Para construir un modelo, necesitamos buenos datos. En AUR, la palabra *bueno* significa una gran cantidad de datos representativos. Lamentablemente, recolectar datos representativos no es fácil ni económico y a menudo exige diseñar y ejecutar experimentos específicos.

Lo ideal es que uno pueda diseñar y correr un estudio para tener los datos necesarios. En situaciones menos favorables, buscamos "experimentos naturales", i.e., los datos han sido obtenidos para otro fin pero pueden usarse para construir un modelo. Aquí usamos los datos[12] obtenidos con entrevistas epidemiológicas. El número de pacientes entrevistados es grande, así que tratamos estos datos como representativos, aunque desafortundamente, esta data solo involucra pacientes sintomáticos que resultaron positivo para SARS-COV-2. Los casos asintomáticos son más probables en adultos jóvenes.

[12] Observe por favor que los datos adjuntos no son los datos reales recolectados para fines epidemiológicos, sino artificialmente generados preservando la estructura y las relaciones de los datos reales.

Los datos se dividen en mitades: `covid_spring` y `covid_summer`. La primera, obtenida en primavera de 2020, se usará como datos de entrenamiento, mientras que la segundo, obtenida en verano, se usará para validación. En el AUR, la validación del modelo se hace sobre datos separados, llamados datos de validación. Esto controla el riesgo de sobre-ajustar un modelo elástico a los datos de entrenamiento. Si no tenemos un conjunto separado, entonces este es generado usando validación cruzada, con otras muestras, en otros tiempos, u otra técnica de partición.

Fragmentos de R

El software R ofrece cientos de soluciones especializadas para análisis exploratorio de datos. Ciertamente, muchas soluciones valiosas pueden encontrarse en el libro "R for Data Science"[13], pero hay mucho más. Debajo mostramos solo tres ejemplos. Empecemos con la carga de los datos.

[13] Hadley Wickham and Garrett Grolemund. *R for Data Science: Import, Tidy, Transform, Visualize, and Model Data.* O'Reilly Media, Inc., 2017

```
covid_spring <- read.table("covid_spring.csv", sep =";",
                           header = TRUE)
covid_summer <- read.table("covid_summer.csv", sep =";",
                           header = TRUE)
```

Usamos the package `ggplot2` para un simple histograma de edad, and `ggmosaic` para un gráfico de mosaico para `Diabetes`. Note que los plots al margen están editados gráficamente, su apariencia difiere ligeramente de los generados por estas cortas instrucciones.

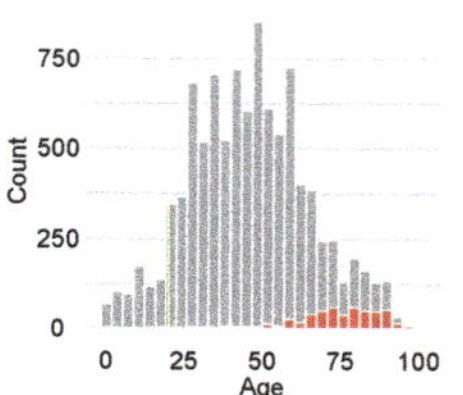

Figura 4: Histograma de la Edad por estatus del sobreviviente.

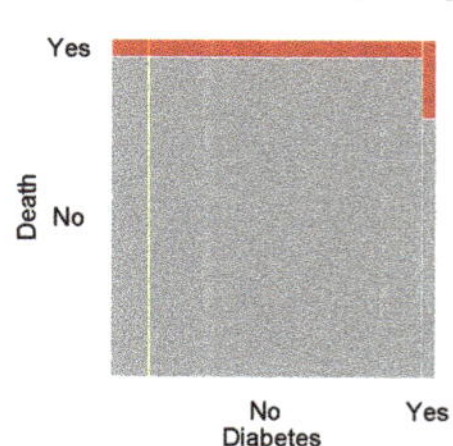

Figura 5: El gráfico de mosaico muestra que hay significativamente menos gente con diábetes, pero entre ellos la mortalidad es más alta.

```
# See Figure 4
library("ggplot2")
ggplot(covid_spring) +
     geom_histogram(aes(Age, fill = Death))
# See Figure 5
library("ggmosaic")
ggplot(data = covid_spring) +
     geom_mosaic(aes(x=product(Diabetes), fill = Death))
```

Una forma práctica de resumir datos tabulados en grupos es con *„Table 1"*. Este es un resumen de las princiales características de cada variable según los grupos definidos por la variable de interés (información binaria sobre muertes por Covid). El nombre viene del hecho usual de que este tipo de tablas son las primeras mostradas en revistas científicas y de medicina.

```
library("tableone")
CreateTableOne(vars = colnames(covid_spring)[1:10],
                            data = covid_spring,
                            strata = "Death")
#                                       Stratified by Death
#                                        No              Yes
#   n                                    9487             513
#   Gender = Male (%)                    4554 (48.0)      271 (52.8) 0.037
#   Age (mean (SD))                     44.19 (18.32) 74.44 (13.2) <0.001
#   CardiovascularDiseases = Yes (%)     839 ( 8.8)      273 (53.2) <0.001
#   Diabetes = Yes (%)                    260 ( 2.7)       78 (15.2) <0.001
#   Neurological.Diseases = Yes (%)      127 ( 1.3)       57 (11.1) <0.001
#   Kidney.Diseases = Yes (%)             111 ( 1.2)       62 (12.1) <0.001
#   Cancer = Yes (%)                      158 ( 1.7)       68 (13.3) <0.001
#   Hospitalization = Yes (%)            2344 (24.7)      481 (93.8) <0.001
#   Fever = Yes (%)                      3314 (34.9)      335 (65.3) <0.001
#   Cough = Yes (%)                      3062 (32.3)      253 (49.3) <0.001
```

Una de las reglas más importantes de recordar cuando se construye un modelo predictivo es: **¡No condicionar el futuro!** No usar variables no definidas en el momento de hacer la predicción. Note que en el caso de las variables discutidas `Hospitalization`, `Fever` or `Cough` no son buenos predictores, porque estas no se conocen antes de la infección. Así que en nuestro caso no son útiles.

En las siguientes líneas, removemos variables inválidas de ambos datos.

```
selected_vars <- c("Gender", "Age", "Cardiovascular.Diseases",
    "Diabetes", "Neurological.Diseases", "Kidney.Diseases",
    "Cancer", "Death")
# use solo las variables seleccionadas
covid_spring <- covid_spring[,selected_vars]
covid_summer <- covid_summer[,selected_vars]
```

La limpieza y exploración de datos a menudo consume mucho tiempo del invertido para analizarlos. Aquí solo nos detuvimos sobre la exploración, pero aún así este análisis inicial nos ayudó a determinar que `Age` es un factor importante (confirmaremos esto luego). Con esta lista de variables quitamos aquellas que no se conocen antes del desarrollo de la enfermedad (como el estatus de hospitalización). Construiremos otros modelos solo con el vector de las variables seleccionadas, `selected_vars` .

Gender	Age	Cardiovascular Diseases	Diabetes	Neurological Diseases	Kidney Diseases	Cancer	Hospitalization	Fever	Cough	Weakness	Death
Male	29	No	No	No	No	No	No	No	No	No	No
Male	50	No	No	No	No	No	No	Yes	Yes	Yes	No
Male	39	No	No	No	No	No	No	No	No	No	No
Male	40	No	No	No	No	No	No	No	No	No	No
Male	53	No	No	No	No	No	No	Yes	Yes	Yes	No
Female	36	No	No	No	No	No	No	No	No	No	No
Female	56	No	No	No	No	No	No	Yes	Yes	No	No
Male	20	No	No	No	No	No	No	No	No	No	No
Female	59	No	No	No	No	No	No	No	No	No	No
Female	24	No	No	No	No	No	No	No	No	No	No
Male	43	No	No	No	No	No	No	No	No	No	No
Male	60	No	No	No	No	No	No	No	Yes	Yes	No
Female	12	No	No	No	No	No	No	No	No	No	No
Female	55	Yes	No	No	No	No	No	Yes	Yes	Yes	No
Female	53	No	No	No	No	No	No	Yes	Yes	Yes	No
Male	46	No	No	No	No	No	No	No	No	No	No
Female	81	Yes	No	No	Yes	No	Yes	Yes	Yes	No	[illegible]
Female	59	No	No	No	No	No	Yes	No	Yes	No	[illegible]
Female	51	No	No	No	No	No	Yes	No	No	No	[illegible]

COVID
19
Coffee
TEA
SON DEMASIADOS DATOS Y HAY MUCHAS INTERACCIONES
Yes
No
Yes
No
Yes
No
No
No
No
No
No

Desempeño del Modelo

Según el tipo de problema predictivo y nuestros supuestos de su rendimiento, varias medidas de desempeño pueden usarse. Aquí está un resumen corto; una descripción más detallada se encuentra en el libro AME.

Para problemas de regresión, cuando predecimos una variable cuantitativa, especialmente cuando asumimos ruido Gaussiano, las medidas comunmente usadas son Error Cuadrático Medio[14] y la raíz del error cuadrático medio[15].

[14] Si $f : \mathcal{R}^p \rightarrow \mathcal{R}$ es una función que predice el valor de y_i con la observación x_i, entonces, $MSE = \frac{1}{n}\sum_i^n (f(x_i) - y_i)^2$

[15] $RMSE = \sqrt{MSE}$

En problemas de clasificación binaria, el desempeño se resume comunmente con una tabla de contingencia 2×2 con los posibles resultados etiquetados como Positivos Ciertos, Negativos Ciertos, Falsos Positivos, y Falsos Negativos. Positivo es que la prueba sugiere embarazo, mientras negativo es que no hay embarazo. Cierto o Falso indican si los resultados del test son correctos o no. Debajo hay un ejemplo de tal tabla para una simple prueba náuseas matutinas de embarazo.

Tabla 1: ¿Es la prueba de naúseas matutina una buena evaluación? Esta tabla se apoya en datos de la web de GetTheDiagnosis `http://getthediagnosis.org/diagnosis/Pregnancy.htm`. Por ejemplo, `FN = 61` indica que de las 100 mujeres embarazadas, la prueba sugirió lo contrario para 61 de ellas. Medidas ejemplares de desempeño en la última fila y columna.

Naúseas / Embarazo	Embarazada	No Embarazada	
Con Naúseas	**TP** = 39	**FP** = 150	PPV = Prec = 20.6%
Sin Naúseas	**FN** = 61	**TN** = 850	NPV = 93.3%
	Sensibilidad = Recall = 39%	Especificidad = 85%	F1 = 33.8%

Con esta tabla, las medidas más comunes de desempeño son Exactitud[16], Sensibilidad[17], Especificidad[18], Precisión[19], Recall[20], puntaje F1[21], Valor Positivo Predicho[22] y Valor Negativo Predicho[23].

[16] $Acc = (TP + TN)/n$

[17] $Sens = TP/(TP + FN)$

[18] $Spec = TN/(TN + FP)$

[19] $Prec = TP/(TP + FP)$

[20] $Recall = TP/(TP + FN)$

[21] $F1 = 2\frac{Prec * Recall}{Prec + Recall}$

[22] $PPV = TP/(TP + FP)$

[23] $NPV = TN/(TN + FN)$

Note que en el problema de evaluación de riesgo de mortalidad por Covid, no nos interesa la predicción binaria sobrevivientes/muertos, sino la validez del ranking de puntajes de riesgo. Para tal tipo de problemas, en lugar de una tabla de contingencia, uno observa la curva Característica Operativa del Receptor (ROC), y la medida común de desempeño es el área debajo la curva (AUC). La Figure 6 muestra cómo se construye esta medida.

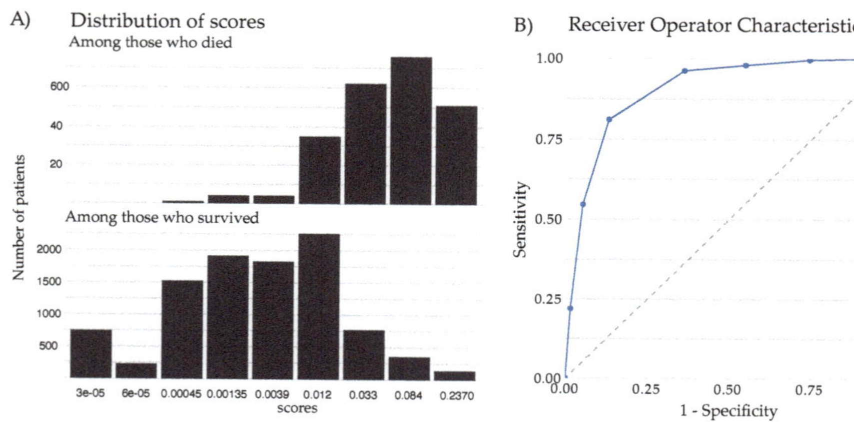

Figura 6: Panel A muestra la distribución de puntajes del modelo CDC para los datos de prueba divididos por el estatus de los sobrevivientes. Con diferentes puntos de corte, uno puede volcar dichos resultados en decisiones binarias. En cada partición, sesibilidad, y 1-Especificidad se calculan y dibujan con un gráfico. El modelo CDC devuelve solo nueve valores, justificando 10 puntos de corte.

Panel B muestra estos 10 puntos. La curva ROC es el trozo de línea que los conecta y la AUC es lo que está por debajo. La AUC toma valores entre 0 y 1, donde 1 es el ranking perfecto y un ranking puramente aleatorio lleva a valores de 0.5.

Fragmentos de R

Hay muchas medidas para evaluar modelos predictivos, y se implementan en varios paquetes de R (i.e. `ROCR`, `measures`, `mlr3measures`). Por simplicidad, en este ejemplo usamos las medidas del paquete `DALEX`.

Primero, necesitamos un explainer con los datos de validación especificados (aquí `covid_summer`) y la variable de respuesta correspondiente.

```
model_cdc <-  DALEX::explain(cdc_risk,
                   predict_function = function(m, x) m(x),
                   data  = covid_summer,
                   y     = covid_summer$Death == "Yes",
                   type  = "classification",
                   label = "CDC")
```

La exploración de modelos inicia con una evaluación de cuán bueno es el modelo. La función `DALEX::model_performance` calcula un conjunto de medidas para un tipo de tarea especificada, aquí clasificación.

```
mp_cdc <- model_performance(model_cdc, cutoff = 0.1)
mp_cdc
# Measures for:  classification
# recall     : 0.2188841
# precision  : 0.2602041
# f1         : 0.2377622
# accuracy   : 0.9673
# auc        : 0.906654
# Residuals:
#        0%       10%       20%        30%       40%       50%
# -0.23700 -0.03300 -0.01200  -0.01200 -0.00390 -0.00390
#       60%       70%       80%        90%      100%
# -0.00135 -0.00135 -0.00045  -0.00006  0.99955
```

Nota: El modelo se evalúa sobre datos dados al explainer. Use `DALEX::update_data()` para especificar otros datos, e.g. datos de entrenamiento `covid_spring`.

```
model_cdc <-  update_data(model_cdc,
                   data  = covid_spring,
                   y     = covid_spring == "Yes")
```

Nota: El explainer sabe si el modelo se entrena para tareas de clasificación o regresión, así que automáticamente selecciona las medidas de desempeño correctas. Esto se puede anular si es necesario.

La función genérica S3 `plot` dibuja un resumen gráfico del desempeño del modelo. Con el argumento `geom`, uno puede determinar el tipo de gráfico.

```
# ROC curve, see Figure 6
plot(mp_cdc, geom = "roc")
# LIFT curve, see Figure 7
plot(mp_cdc, geom = "lift")
```

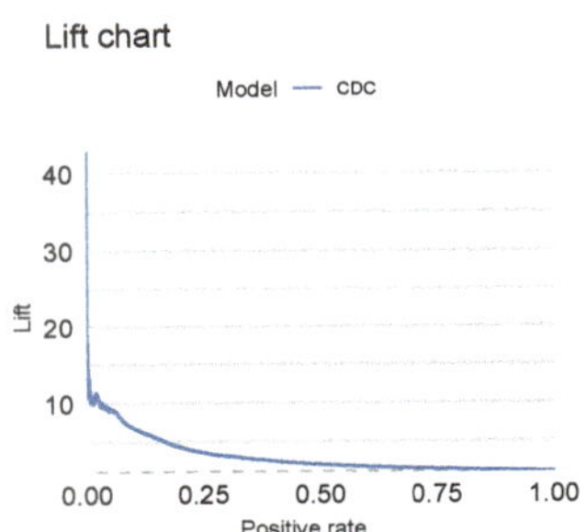

Figura 7: La curva LIFT, una de los tantos gráficos estadísticos usado para resumir la calidad de los puntajes, también se usa para puntajes de riesgo crediticio. El eje Y presenta la fracción de créditos asignados, y el eje Y presenta la fracción de la sensibilidad del modelo probado en comparación con la sensibilidad de un modelo aleatorio.

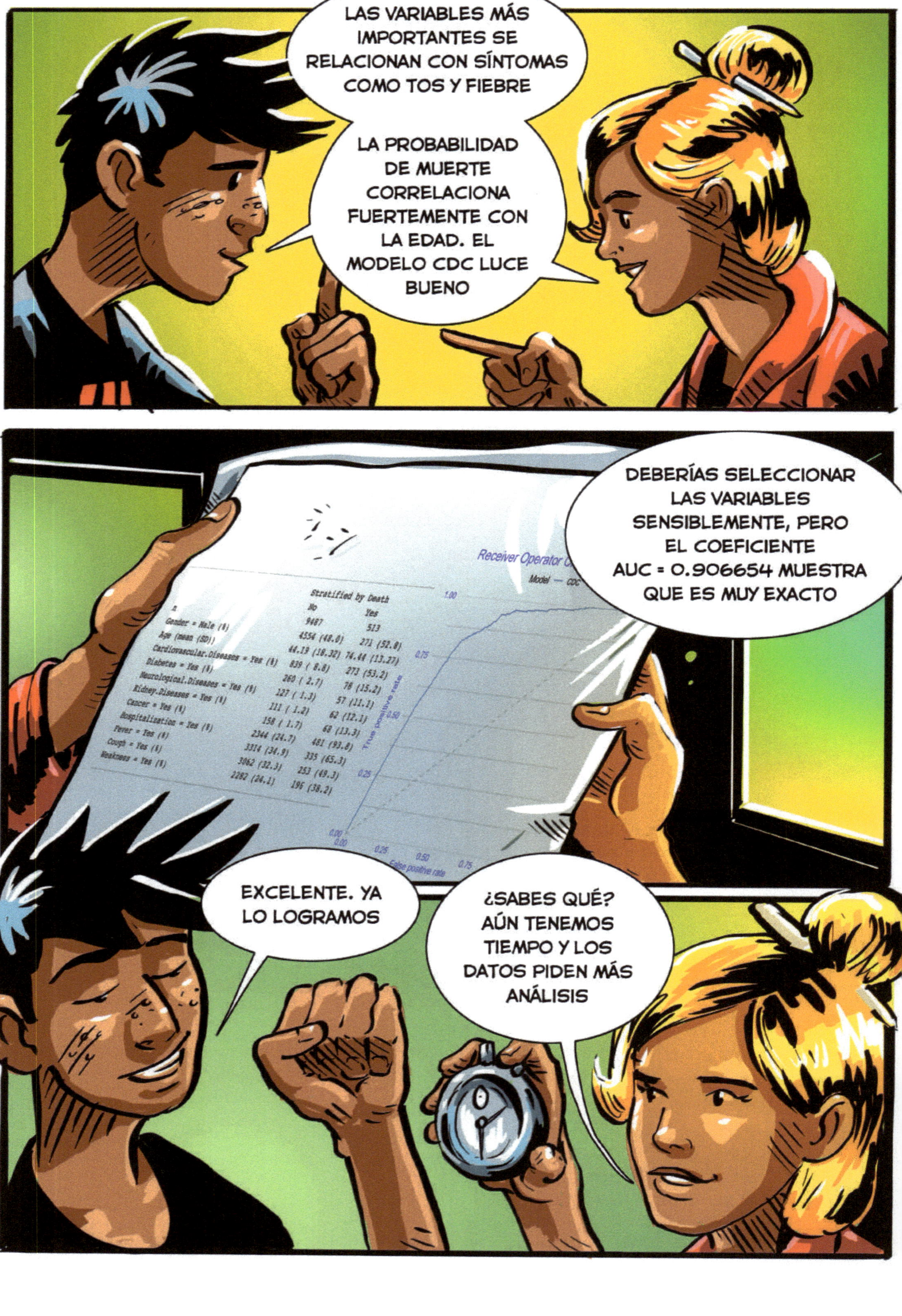

DEBERÍAS SELECCIONAR LAS VARIABLES SENSIBLEMENTE, PERO EL COEFICIENTE AUC = 0.906654 MUESTRA QUE ES MUY EXACTO

EXCELENTE. YA LO LOGRAMOS

¿SABES QUÉ? AÚN TENEMOS TIEMPO Y LOS DATOS PIDEN MÁS ANÁLISIS

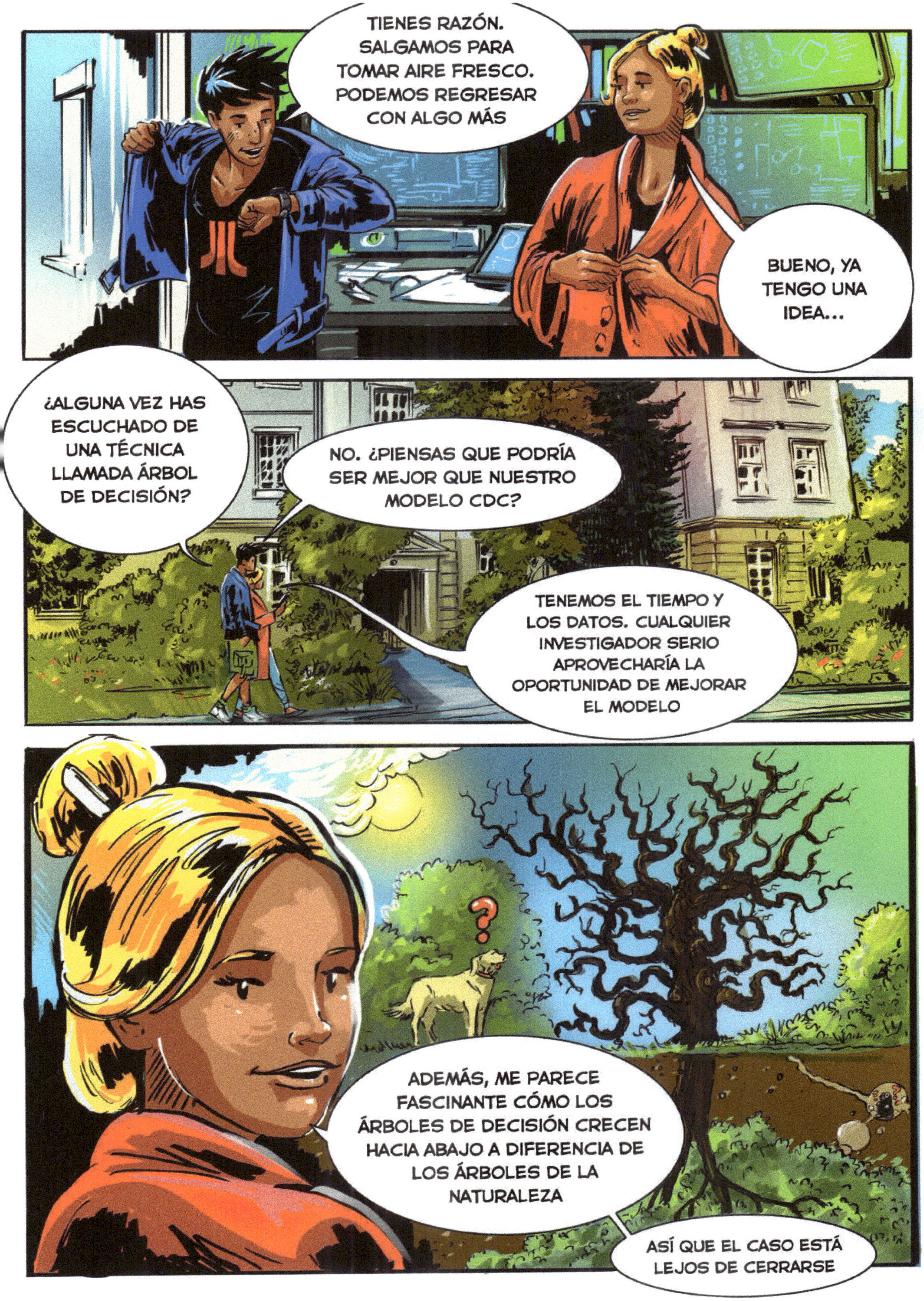

ADEMÁS, ME PARECE FASCINANTE CÓMO LOS ÁRBOLES DE DECISIÓN CRECEN HACIA ABAJO A DIFERENCIA DE LOS ÁRBOLES DE LA NATURALEZA

ASÍ QUE EL CASO ESTÁ LEJOS DE CERRARSE

Plantar un árbol

Hay cientos de métodos para entrenar modelos de aprendizaje automático para científicos de datos expertos. Uno de los más viejos y populares es el algoritmo basado en árboles, presentado en el libro *Árboles de Clasificación y Regresión*[24] conocidos como CART. He aquí una descripción general para esta clase de algoritmos.

[24] L. Breiman, J. H. Friedman, R. A. Olshen, and C. J. Stone. *Classification and Regression Trees*. Wadsworth and Brooks, Monterey, CA, 1984

1. Inicie con un nodo (raíz) con el total de datos.
2. Para este nodo, encuentre una partición candidata para los datos. Para ello, considere cada posible variable y cada punto de corte (en caso de variable continua) o un subconjunto de niveles (en caso de variable categórica). Seleccione la partición que maximice la medida de seperación (ver abajo).
3. Verfique un criterio de detención como la ganancia mínima en la pureza del nodo o la profundidad del árbol. Si se cumple este criterio, entonces (obviamente) se detiene el proceso. De lo contrario, la partición del nodo lleva a la generaciópn de dos nodos hijos y repite el paso 2 para cada hijo nodo separadamente.

Hay dos opciones clave aquí. La primera es la medida de separación que ilustramos considerando las particiones de la variable edad en nuestros datos. Por practicidad, consideremos cuatro grupos.

Tabla 2: Número de pacientes que sobrevivieron o murieron luego de la infección. Datos divididos en cuatro grupos etarios separados. Calculado para datos de `covid_spring`.

Edad grupo / Status	⩽30	31-50	51-70	>70	Total
Vivo	2250	3716	2760	729	9487
Muerto	6	17	153	337	513
Total	2256	3733	2913	1066	10000

Consideramos tres particiones de 30, 50, y 70. Para cada una, calculamos la probabilidad de muerte o supervivencia en cada grupo. Luego calculamos la pureza[25] de cada nodo resultante. En el ejemplo, se usa el valor Gini, aunque la entropía o pruebas estadísticas se usan comúnmente también. La pureza de la partición final es la pureza ponderada por el número de datos de cada nodo. Los valores más pequeños son mejores. Con estas opciones, obtenemos la mejor pureza para un corte de 70 años.

[25] Para una variables aleatoria categórica con probabilidad p_c de clase c la entropía se define como $H = -\sum_c p_c \log_2 p_c$, y la impureza Gini $G = 1 - \sum_c p_c^2$. La impureza Gini para el nodo raíz en el ejemplo es 0.0973.

Tabla 3: Consideremos tres posibles resultados de la variable edad, luego calculamos paso a paso las probabilidades de cada clase, la pureza de cada nodo y la pureza ponderada de la partición. La mejor es para edad 70, aunque para ambos grupos de edad jóvenes y viejos, la pureza es peor que para otras particiones. Los pesos definen el tamaño de los nodos que resultan críticos en este ejemplo.

Partición posible	30		50		70	
nodo_i	$\leqslant$	$>$	$\leqslant$	$>$	$\leqslant$	$>$
$p_{i,Died}$	0.0027	0.066	0.0038	0.123	0.0198	0.316
$p_{i,Surv}$	0.9973	0.934	0.9962	0.877	0.9802	0.684
$G_i = 1 - p_{i,Died}^2 - p_{i,Surv}^2$	0.0053	0.1228	0.00765	0.216	0.0388	0.4324
peso del nodo w_i	0.2263	0.7737	0. 6008	0.3992	0.8931	0.1070
$w_{\leqslant}G_{\leqslant} + w_{>}G_{>}$	0.0962		0.0908		0.0809	

Lo segundo para entrenar un árbol es la escogencia del criterio de detención. Cada partición aumenta la pureza de los nodos subsiguientes, así que mientras más crece el árbol, mayor es la pureza de sus ramas. Así, grandes árboles extraen más relaciones de la data, aunque algunas de ellas puedan ser accidentales (un fenómeno llamado sobre-ajuste), que puede resultar en un pobre generalización y peores resultados de validación en nuevos datos.

Fragmentos de R

Hay muchos paquetes en `R` para entrenar árboles de decisión. Los siguientes fragmentos de R se apoyan en el paquete `partykit`[26] porque funciona para regresión, clasificación y modelos de supervivencia y además tiene buenas propiedades estadísticas y claras visualizaciones.

Para entrenar un árbol se usa la función `ctree`. El primer argumento es una fórmula que indica la variable objetivo y las predictoras[27]. El segundo argumento indica los datos de entrenamiento. El argumento `control` especifica parámetros adicionales, tales como criterios de detención, máxima profundidad del árbol o máximo tamaño del nodo.

[26] Torsten Hothorn and Achim Zeileis. partykit: A modular toolkit for recursive partytioning in R. *Journal of Machine Learning Research*, 16:3905–3909, 2015

[27] En este paquete, las pruebas estadísticas se usan para evaluar separación por particiones. En el ejemplo, `alpha = 0.0001` significa que los nodos se particionan siempre que el p-valor esté por debajo 0.0001 para la prueba χ^2 de independencia.

```
library("partykit")
tree <- ctree(Death ~., covid_spring,
              control = ctree_control(alpha = 0.0001))
# Ver Figure 8
plot(tree)
```

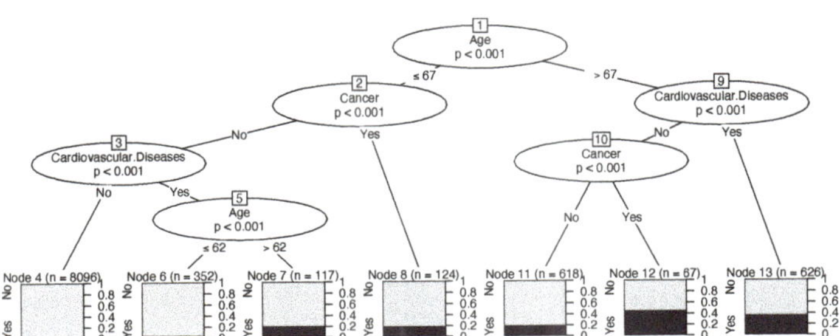

Figura 8: La primera partición en el árbol es para la edad. Los pacientes se dividen en menores de 67 (izq) y mayores de 67 (der). Similarmente, uno puede leer otras particiones. El criterio adoptado resultó en un árbol con siete ramas. Las ramas incluyen info sobre el número de pacientes que llegaron a esa rama y la proporción de cada clase.

La función `explain` genera una interfaz uniforme para consultar el modelo. Note que `predict_function` es diferente al modelo CDC, es específico de objetos `party`. Los siguientes argumentos indican los datos de prueba para la explicación, el tipo de modelo y su etiqueta.

```
model_tree <- DALEX::explain(tree,
           predict_function = function(m, x)
                    predict(m, x, type = "prob")[,2],
           data = covid_summer,
           y = covid_summer$Death == "Yes",
           type = "classification", label = "Tree")
```

Luego de preparar al explainer, podemos chequear cuán bueno es este modelo. Parece ser mejor que el modelo CDC tanto en el entrenamiento como en la validación.

```
(mp_tree <- model_performance(model_tree, cutoff = 0.1))
# Measures for:  classification
# recall     : 0.8626609
# precision  : 0.1492205
# f1         : 0.2544304
# accuracy   : 0.8822
# auc        : 0.9136169
# See Figure 9
plot(mp_tree, mp_cdc, geom="roc")
```

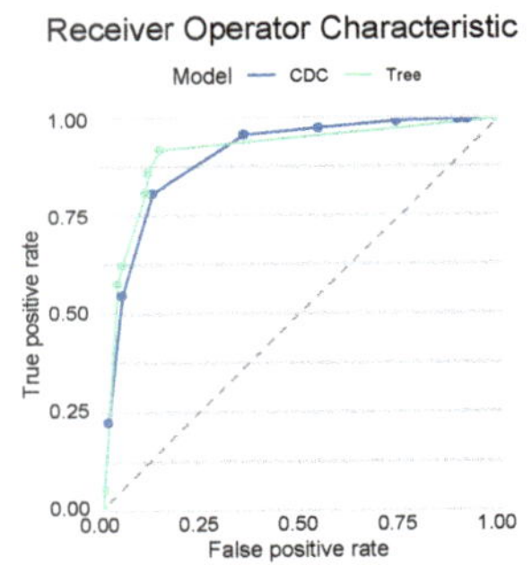

Figura 9: Curvas ROC para el modelo de árbol CDC. El modelo de árbol tiene en promedio mejores predicciones.

Y ESTE ES EL ÁRBOL QUE HEMOS CONSTRUIDO
PRINTING
NADA MAL. EL MODELO USA TANTO LA INFO DE LA EDAD Y LAS ENFERMEDADES. TENEMOS 7 GRUPOS DE RIESGO
EL DESEMPEÑO DEL MODELO DE DECISIÓN BASADO EN ÁRBOL SOBRE LOS DATOS NIH ES INCLUSO MEJOR
Receiver Operator Characteristic
LA AUC = 0.9136169 ES MEJOR QUE EL MODELO CDC
¿VISTE? ROMPIMOS RECORD. SOLO HA PASADO 1 HORA
1H

ESPERA. HICIMOS UN MODELO MEJOR. QUIZÁS PODAMOS MEJORARLO AÚN MÁS
HACE POCO LEÍ SOBRE BOSQUES ALEATORIOS. UN MÉTODO GENIAL PARA ANALIZAR DATOS. DESARROLLADO POR LEO BREIMAN
Leo Breiman. Un distinguido estadístico (Universidad de California) 1928-2005
ESTA TÉCNICA HACE POSIBLE COMBINAR CIENTOS DE ÁRBOLES DE DECISIÓN Y PONERLOS EN UN SUPER MODELO DE BOSQUE ALEATORIO
NO NOS ENFOQUEMOS EN UN ÁRBOL CUANDO HAY TODO UN BOSQUE AL FRENTE. PARA MI, EL CASO ESTÁ LEJOS DE CONCLUIRSE. TIEMPO PARA HACER MÁS ANÁLISIS

Plantar un bosque

Los árboles de decisión tienen muchas ventas, especialmente en interpretabilidad y transparencia. Desde una perspectiva de modelación, los árboles largos tienen menos sesgos pero gran varianza (fácil sobre-ajuste a los datos), mientras los árboles cortos son de poca varianza con alto sesgo (no captan relaciones). ¿Podemos mejorar tanto la flexibilidad como la estabilidad?

En 2001, Leo Breiman propuso una nueva familia de modelos, llamada bosques aleatorios[28], que agrega decisiones a partir de un enjambre de árboles largos entrenados sobre remuestreos bootstrap de los datos. Bootstrap[29] hoy es un procedimiento potente y bien difundido. Este crea B copias de la data, llamada muestras bootstrap, al remuestrear con reemplazamiento. Un árbol se entrena sobre cada copia de la data. Durante la fase de predicción, se agregan los resultados de árboles particulares. Ver Figura 10 para más detalles. Tal procedimiento mejora la generalización del modelo al reducir la varianza de cada árbol.

[28] Leo Breiman. Random forests. *Machine Learning*, 45(1):5–32, 2001a. ISSN 0885-6125

[29] El término bootstrap se refiere al dicho "'levántate con tus propias botas" que viene de los cuentos del Baron Munchausen. Significa resolver un problema imposible sin asistencia externa. Originalmente, el Baron salía de un pantano por su propio cabello. En el caso de los bosques aleatorios, no tenemos datos nuevos, pero al crear copias remuestreando, podemos controlar y reducir la varianza del modelo predictivo.

Entrenar un bosque aleatorio requiere especificar los hiperparámetros: B - número de árboles, m - tamaño del subconjunto de variables a partir de las cuales seleccionar la partición candidata de un nodo, la profundida máxima del árbol, el tamaño mínimo del nodo, etc. Más sobre la selección de hiperparámetros se encuentra en la próxima sección, pero formalmente el algoritmo de bosque aleatorio es bien robusto a la selección de hiperparámetros. Gracias a estas ventajas, el bosque aleatorio es muy popular y eficiente para el modelado predictivo.

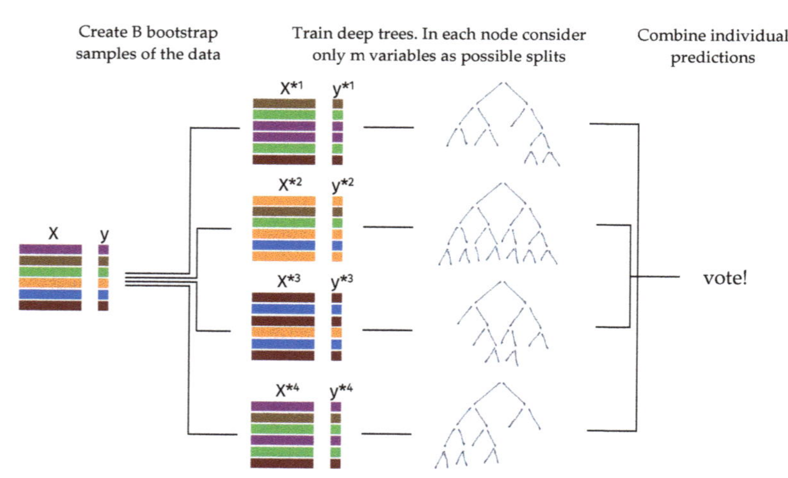

Figura 10: Los pasos clave son: generar un conjunto de B copias bootstrap de la data al muestrear filas con reemplazamiento. Los árboles largos se entrenan con cada copia. Para aumentar la variabilidad entre árboles, el procedimiento de partición se cambia para que solo un conjunto aleatorio de m variables sea considerado para cada nodo. Durante la predicción, los resultados de árboles individuales se agregan. Las muestras boostrap tienen subconjuntos fuera de sí (OOB), i.e. observaciones no seleccionadas durante el muestreo que pueden usarse para evaluar el desempeño del modelo. En la siguiente página hay una descripción detallada del bosque aleatorio `https://tinyurl.com/RF2001`.

Fragmentos de R

Los dos paquetes más populares para entrenar bosques aleatorios son `randomForest`[30] and `ranger`[31]. Ambos son fáciles de usar, eficientes y bien parametrizados. Pero aquí usamos las herramientas de `mlr3` para entrenamiento. Esto le suma un nivel de abstracción, es un poco más complejo de usar, pero tiene características adicionales que se usan en la siguiente sección sobre hiperparámetros.

[30] Andy Liaw and Matthew Wiener. Classification and Regression by randomForest. *R News*, 2(3):18–22, 2002

[31] Marvin N. Wright and Andreas Ziegler. ranger: A fast implementation of random forests for high dimensional data in C++ and R. *Journal of Statistical Software*, 77(1):1–17, 2017

Se siguen tres pasos para entrenar un modelo con mlr3[32].

1. Defina la tarea de predicción, un objeto que guarde la data de entrenamiento y el objetivo, i.e. la variable a predecir

```
library("mlr3")
(covid_task <- TaskClassif$new(id = "covid_spring",
        backend = covid_spring,
        target = "Death",  positive = "Yes"))
# <TaskClassif:covid_spring> (10000 x 8)
# * Target: Death
# * Properties: twoclass
# * Features (7):
#   - fct (6): Cancer, Cardiovascular.Diseases, Diabetes,
#     Gender, Kidney.Diseases, Neurological.Diseases
#   - int (1): Age
```

2. Elija la familia de modelos que nos dan una solución. Hay muchos algoritmos para escoger, vea la documentación. Para el bosque aleatorio, defina "classif.ranger".

```
library("mlr3learners")
library("ranger")
covid_ranger <- lrn("classif.ranger", predict_type="prob",
                    num.trees=25)
```

3. Entrene al modelo con el método train(). El paquete mlr3 emplea clases R6, por lo cual el método modifica el objeto en cuestión.

```
covid_ranger$train(covid_task)
```

[32] Michel Lang, Martin Binder, Jakob Richter, Patrick Schratz, Florian Pfisterer, Stefan Coors, Quay Au, Giuseppe Casalicchio, Lars Kotthoff, and Bernd Bischl. mlr3: A modern object-oriented machine learning framework in R. *Journal of Open Source Software*, 2019. DOI: 10.21105/joss.01903

Un modelo entrenado puede generar un explainer de DALEX. Note que predict_function es un poco diferente. DALEX adivinaría esta función con la clase del modelo, pero lo señalamos explícitamente así para hacer más fácil la comprensión de lo que ocurre.

```
model_ranger <- explain(covid_ranger,
          predict_function = function(m,x)
               predict(m, x, predict_type = "prob")[,1],
          data = covid_summer,
          y = covid_summer$Death == "Yes",
          type = "classification", label = "Ranger")
```

Ahora podemos ver cuán bueno es el modelo. Como esperábamos, un bosque aleatorio tiene un mejor desempeño/AUC que un árbol.

```
(mp_ranger <- model_performance(model_ranger))
# Measures for:  classification
# recall     : 0.04291845
# precision  : 0.4347826
# f1         : 0.078125
# accuracy   : 0.9764
# auc        : 0.9425837

# See Figure 11
plot(mp_ranger, mp_tree, mp_cdc, geom= "roc")
```

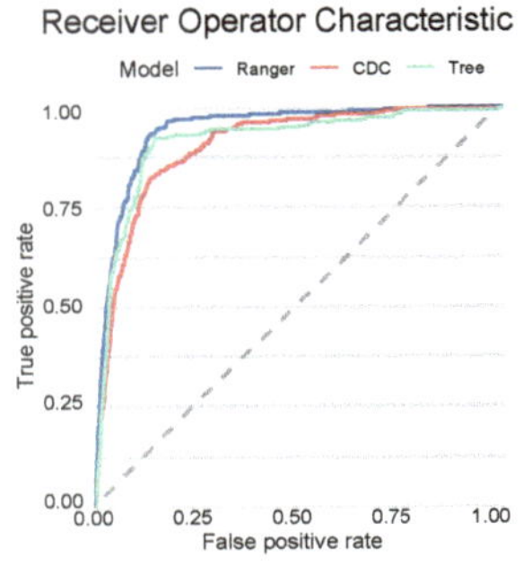

Figura 11: ROC curves for the CDC, tree and ranger model.

AHORA TENEMOS UN MODELO MUY COMPLEJO. DIFERENTES ÁRBOLES USAN DIFERENTES VARIABLES Y ES FÁCIL PERDERSE EN TANTAS OPCIONES. TIENES RESULTADOS EN LA MAYORÍA DE ÁRBOLES
ESTO NO SE PUEDE HACER EN PAPEL. SE NECESITA UNA COMPUTADORA CON GRAN PODER DE CÓMPUTO PARA CONSTRUIR UN MODELO ASÍ
VR
VR
¿CÓMO TE GUSTARÍA ANDAR POR NUESTRO ÁRBOL VIRTUAL?
ES HERMOSO. MIRA CUÁN ADORABLE ES EL COEFICIENTE OBTENIDO
Receiver Operator Characteristic
Model Ranger CDC Tree
1.00
0.75
0.50
0.25
0.00
True positive rate
0.00 0.25 0.50 0.75 1.00
False positive rate
AUC = 0.9425837 INCLUSO MEJOR QUE ANTES
ESTAMOS LISTOS EN MENOS DE UNA HORA

FÁCIL Y SIN PRISA. PARA CONSTRUIR UN MODELO DE BOSQUE ALEATORIO, ESPECIFICAMOS UNOS POCOS HIPERPARÁMETROS
QUIZÁS PODAMOS CREAR UN MODELO INCLUSO MUCHO MEJOR SI FIJAMOS LOS HIPERPARÁMETROS DE MANERA ÓPTIMA
COMO UN MODELO AUTOMÁTICO DE OPTIMIZACIÓN. LEÍ SOBRE ESO EN LA RED. PUEDES EVALUAR CIENTOS DE SOLUCIONES Y ESCOGER EL MEJOR
AÚN NO HAY UNA SOLUCIÓN FINAL. LOS HIPERPARÁMETROS ESPERAN POR UNA OPTIMIZACIÓN
PERO NUESTRAS COMPUTADORAS NO SON TAN RÁPIDAS PARA UN ANÁLISIS COMO ESTE. NECESITAMOS UN CLUSTER
PUEDO ARREGLARLO. PUEDO LLAMAR A UN AMIGO QUE SE PARECE A BAMBI

Optimización de Hiperparámetros

Los algoritmos de bosques aleatorios típicamente tienen muchos hiperparámetros que especifican al entrenamiento. Para algunas familias de modelos; e.g., Máquina de Soporte Vectorial (SVM) o Máquinas de Potenciación de Gradiente (GBM), la selección de ellos tiene un fuerte impacto sobre el desempeño del modelo final. El proceso de encontrar buenos hiperparámetros se llama *afinación*.

El esquema de optimización general[33] se describe en la Figure 12. Diferentes familias de modelos tienen diferentes conjuntos de hiperparámetros. No siempre queremos optimizarlos todos simultáneamente, así que el primer paso es definir el espacio de búsqueda de hiperparámetros. Una vez especificado, la afinación se basa en dos pasos iterativos: (1) seleccionar un conjunto de hiperparámetros y (2) evaluar cuán bueno es este conjunto de hiperparámetros. Estos pasos se repiten hasta que se alcance algún criterio de detención, como el máximo número de iteraciones, desempeño mínimo del modelo, o algún incremento en desempeño del modelo.

[33] Cada uno de los siguientes pasos puede ser implementado de muchas formas, así que no existe una mejor forma de afinar modelos. Mostramos un ejemplo de referencia para datos tabulares.

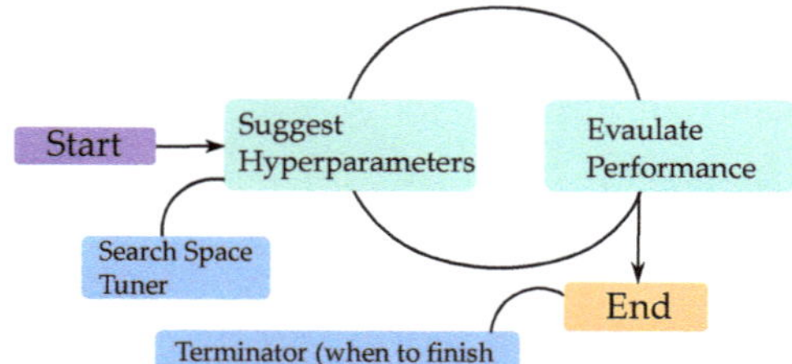

Figura 12: El esquema de optimización de hiperparámetros implementado en el paquete `mlr3tuning`. Source: `https://mlr3book.mlr-org.com/tuning.html`

Enfoquémonos más en el proceso de evaluar hiperparámetros. Uno de los principios clave del aprendizaje automático es que el modelo debe ser verificado con datos distintos a los usados para el entrenamiento. Aún teniendo datos de entrenamiento y de evaluación final, no debemos observar ni usar esos datos de evaluación para evaluar los hiperparámetros. Necesitamos generar datos de prueba internos para la evaluación de hiperparámetros. Esto se hace a menudo mediante validación cruzada interna. Vea un ejemplo en la página siguiente.

Fragmentos de R

El ejemplo debajo usa el paquete `mlr3`. Otras soluciones interesantes para optimización de hiperparámetros en R son `h2o` y `tidymodels`.

Primero, hay que especificar el conjunto de hiperparámetros a buscar. No vale optimizar todos los hiperparámetros. Enfoquémonos en cuatro de los algoritmos de bosque aleatorio.

```
library("mlr3tuning")
library("paradox")
search_space = ps(
    num.trees = p_int(lower = 50, upper = 500),
    max.depth = p_int(lower = 1, upper = 10),
    minprop = p_dbl(lower = 0.01, upper = 0.1),
    splitrule = p_fct(levels = c("gini", "extratrees"))
)
```

Para buscar hiperparámetros automáticamente, hay que especificar: (1) un procedimiento para evaluar el desempeño de los modelos propuestos (debajo está la AUC determineda por 5 validaciones cruzadas) (2) una estrategia de búsqueda para el espacio paramétrico (debajo está una búsqueda aleatoria), (3) un criterio de parada (debajo está el número de 10 evaluaciones[34]).

```
tuned_ranger = AutoTuner$new(
    learner     = covid_ranger,
    resampling = rsmp("cv", folds = 5),
    measure     = msr("classif.auc"),
    search_space = search_space,
    terminator = trm("evals", n_evals = 10),
    tuner       = tnr("random_search") )
```

Luego de definir los parámetros de optimización, podemos iniciar ésta con el método `train`, así como con cualquier otro modelo predictivo dentro de `mlr3` [35].

```
tuned_ranger$train(covid_task)
tuned_ranger$tuning_result
#    num.trees max.depth    minprop splitrule
# 1:       264         9 0.06907318      gini
#    learner_param_vals  x_domain classif.auc
# 1:          <list[4]> <list[4]>   0.9272979
```

Claro que con el afinador no hay garantía de encontrar mejores hiperparámetros que los predeterminados[36]. Pero en este ejemplo, el modelo afinado es mejor que todos los demás que hemos considerado hasta ahora. Veamos cuánto. Necesitamos un empaquetador `DALEX`.

```
model_tuned <- explain(tuned_ranger,
    predict_function = function(m,x)
        m$predict_newdata(newdata = x)$prob[,1],
    data = covid_summer,
    y = covid_summer$Death == "Yes",
    type = "classification", label = "AutoTune")
```

Podemos entonces calcular el desempeño del modelo/AUC sobre datos para validación y comparar las curvas ROC para varios modelos.

```
(mp_tuned <- model_performance(model_tuned))
# Measures for:  classification
# recall     : 0.02575107
# precision  : 0.4
# f1         : 0.0483871
# accuracy   : 0.9764
# auc        : 0.9447171
# See Figure 13
plot(mp_tuned, mp_ranger, mp_tree, mp_cdc, geom = "roc")
```

Nota de reproducibilidad: Note que el entrenamiento usa la aleatorización, por lo que usted puede tener resultados ligeramente distintos en diversas computadoras o diferentes versiones de software. Incluso si ejecuta el código dos veces, puede obtener resultados algo diferentes. Pero, la conclusión general debería ser la misma.

[34] Claro, con un cluster de alto desempeño (HPC) Bit puede probar cientos de miles de configuraciones paramétricas pues todo el proceso se paraleliza. Pero, en este ejemplo nos enfocamos en la reproducibilidad, presentando resultados de 10 configuraciones, facilitando al lector su propia reproducción. Además, con estos datos, los hiperparámetros del bosque aleatorio predeterminado dan buenos resultados, con lo que no ganaríamos mucho con una larga afinación.

[35] Note que la AUC 0.9272979 presentada abajo no se calcula sobre `covid_summer`. Es una evaluación interna de hiperparámetros con el procedimiento de validación de 5 iteraciones. La AUC sobre `covid_summer` se presenta al final de esta página.

[36] Es más, algunos algoritmos, como bosques aleatorios, no son tan afinables. Aún así, tuvimos que intentar!

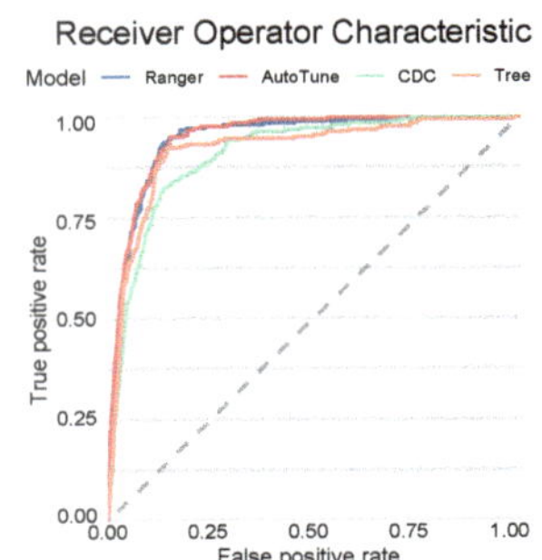

Figura 13: ROC curves for the CDC, tree, ranger model and auto tune ranger model.

MIRA. ESTE ES EL CLUSTER DE BAMBI Y HA TRABAJADO DESDE LA ÚLTIMA HORA, USANDO CIENTOS DE PROCESOS. ES LO MISMO A GASTA MILES DE HORAS HACIENDO LOS CÁLCULOS

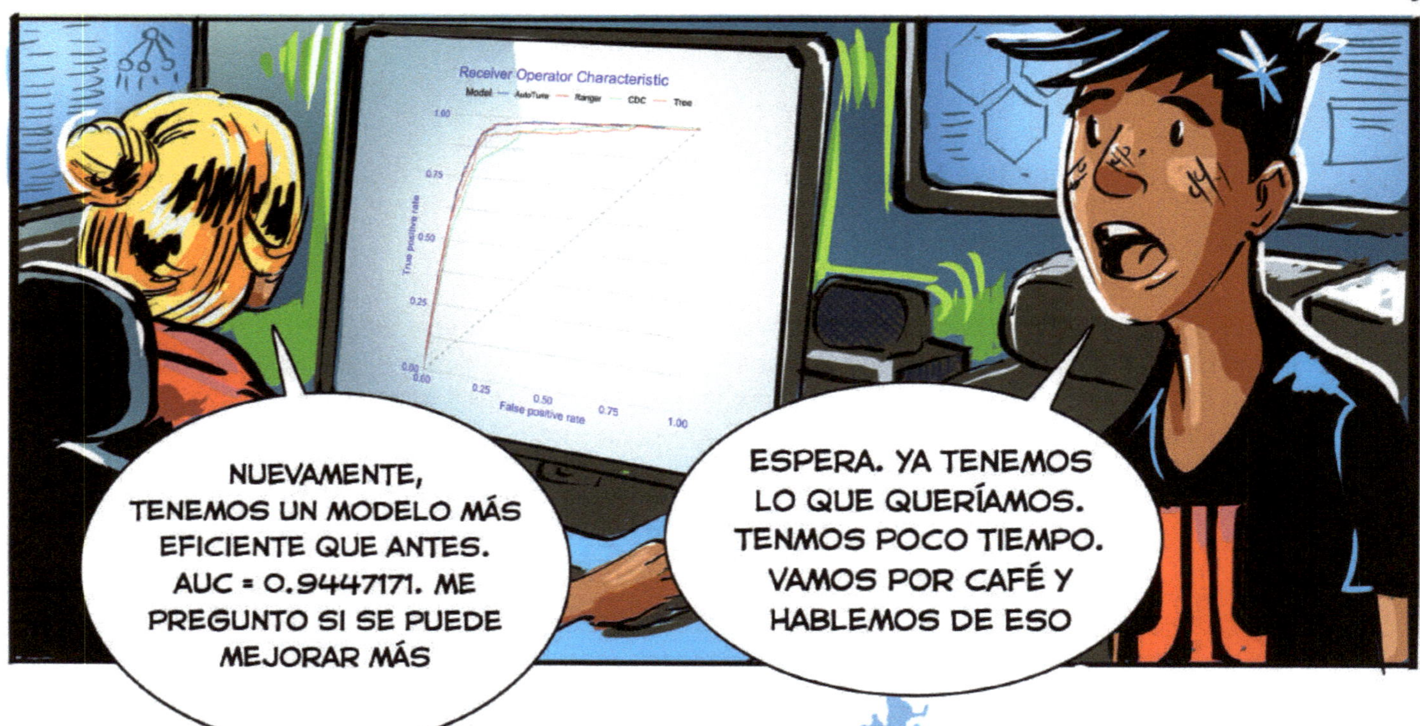
Receiver Operator Characteristic
Model AutoTune Ranger CDC Tree
True positive rate
False positive rate
NUEVAMENTE, TENEMOS UN MODELO MÁS EFICIENTE QUE ANTES. AUC = 0.9447171. ME PREGUNTO SI SE PUEDE MEJORAR MÁS
ESPERA. YA TENEMOS LO QUE QUERÍAMOS. TENMOS POCO TIEMPO. VAMOS POR CAFÉ Y HABLEMOS DE ESO

TENEMOS 4 ITERACIONES. UN MODELO EXCELENTE, O POCOS MODELOS MÁS. TENEMOS UN POCO DE TIEMPO AÚN.
¡AY POR FAVOR! DILO YA...
BUENO, OK. ROMPIMOS EL RECORD

PERO... NO PODEMOS RECOMENDAR RESPONSABLEMENTE ESTE MODELO SI NO SABEMOS CÓMO FUNCIONA
FUNCIONA. ¿QUÉ MÁS NECESITAS?
ES POR LA SEGURIDAD DE TUS AGENTES. NECESITAMOS EVALUARLO MÁS AL DETALLE
EXPLICA... EXPLICA... EXPLICA...
¿HAS ESTADO AFUERA PARA REFRESCAR TUS CIRCUITOS DESPUÉS DEL ÚLTIMO CÓDIGO DE BIT? ESTARÉ FELIZ DE EXPLICAR TODO PORQUE UNA IDEA DE CÓMO PODRÍAS AYUDARNOS
¡AH, HOLA DALEX!
f(x)
AUC
RMSE
NECESITAMOS UN ANÁLISIS COMPLETO DEL MODELO. PODEMOS USAR LA PIRÁMIDE DE EXPLORACIÓN DE MODELOS. NECESITAMOS CHEQUEAR LA IMPORTANCIA DE LAS VARIABLES INDIVIDUALES Y TÚ PUEDES MUY ÚTIL EN ESTO

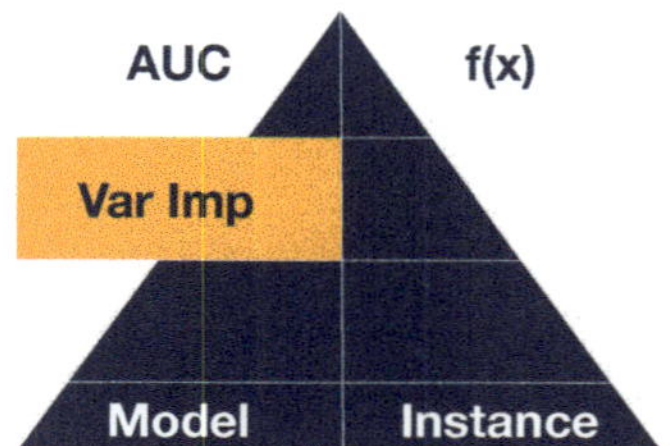

La pirámide XAI pyramid describes relations between explanatory model analysis techniques. The deeper, the more detailed view into the model.

Importancia de variables

Al examinar modelos de altas dimensiones, algunas preguntas iniciales son: *¿Qué variables son importantes? ¿Cuáles características o grupos de ellas afectan significativamente el desempeño del modelo?*

Algunos modelos traen sus métodos ya incluidos para evaluar la importancia de variables. Por ejemplo, en modelos lineales, uno puede usar coeficientes estandarizados o p-valores. Para bosques aleatorios, se puede usar el error de clasificación fuera de la bolsa. Para aumento de árboles, se pueden usar estadísticos de ganancia de información. Sin embargo, el problema con estas técnicas es que no sirven para comparar modelos de diferentes estructuras. Por esta y otras razones, es conveniente usar técnicas independientes, como la permutación de importancia de variables[37].

[37] La permutación de importancia de variables se describe con detalle en el capítulo 16 de Explanatory Model Analysis `https://ema.drwhy.ai/featureImportance.html`

El procedimiento se basa en perturbar la(s) variable(s) seleccionada(s). La intuicion es que si una variable es importante en un modelo, entonces luego de una perturbación aleatoria las predicciones del modelo deben ser menos precisas.

La importancia de variables basada en permutación de una variable i es la diferencia (o ratio) entre el desempeño del modelo con datos originales y el desempeño calculado sobre datos con la variable i permutada. Más formalmente

$$VI(i) = L(f, X^{perm(i)}, y) - L(f, X, y),$$

donde $L(f, X, y)$ es el valor de la función de pérdida o medida de desempeño para los datos X, siendo valores ciertos y y el modelo f, mientras $X^{perm(i)}$ son los datos x con la iésima variable permutada.

Note que la importancia de las variables definidas así puede ser determinada sin re-entrenar al modelo.

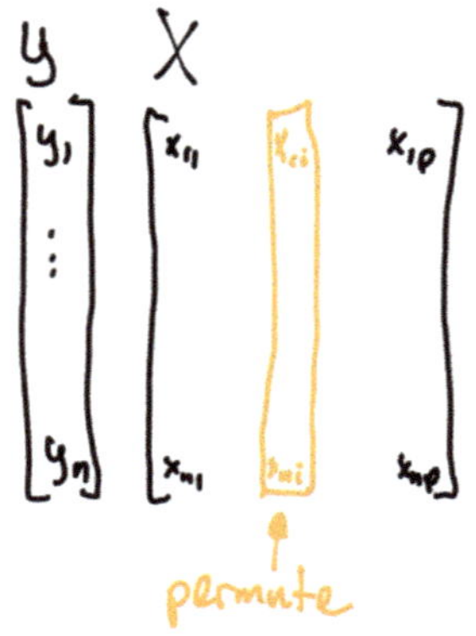

Figura 14: La permutación de variables preserva la distribución marginal mientras rompe con la dependencia de esa variable con la variable dependiente.

¿Cuál medida de desempeño debería escoger? Depende de usted. En el paquete `DALEX` por default, se usa RMSE para regresión y 1-AUC para problemas de clasificación. Pero usted puede cambiar la función de pérdida al espcificar el argumento `loss_function`.

Fragmentos de R

Usamos la función `model_parts` del paquete `DALEX` para calcular la importancia de variables. El único argumento necesario es el modelo a analizar. Con argumentos adicionales, uno puede especificar cómo calcular la importancia, sea con una diferencia, un ratio o sin normalización. La última línea `_baseline_` de la siguiente lista corresponde a ladiferencia en la función de pérdida de un modelo calculado con datos donde todas las variables se permutaron.

```
mpart_ranger <- model_parts(model_ranger, type="difference")
mpart_ranger
#                    variable mean_dropout_loss  label
# 1              _full_model_      0.0000000000 Ranger
# 2     Neurological.Diseases      0.0006254491 Ranger
# 3                    Gender      0.0030246808 Ranger
```

```
# 4          Kidney.Diseases      0.0048972639 Ranger
# 5                   Cancer      0.0061278070 Ranger
# 6                 Diabetes      0.0076210243 Ranger
# 7  Cardiovascular.Diseases      0.0207565006 Ranger
# 8                      Age      0.1580579207 Ranger
# 9               _baseline_      0.4203818555 Ranger
```

Esta técnica es útil cuando queremos comparar la importancia de variables en diferentes modelos. Veamos cómo luce en nuestro ejemplo. La función genérica `plot` sirve para cualquier número de modelos, dados como argumentos consecutivos.

```
mpart_cdc    <- model_parts(model_cdc)
mpart_tree   <- model_parts(model_tree)
mpart_ranger <- model_parts(model_ranger)
mpart_tuned  <- model_parts(model_tuned)
# See Figure 15
plot(mpart_cdc, mpart_tree, mpart_ranger, mpart_tuned,
              show_boxplots = FALSE)
```

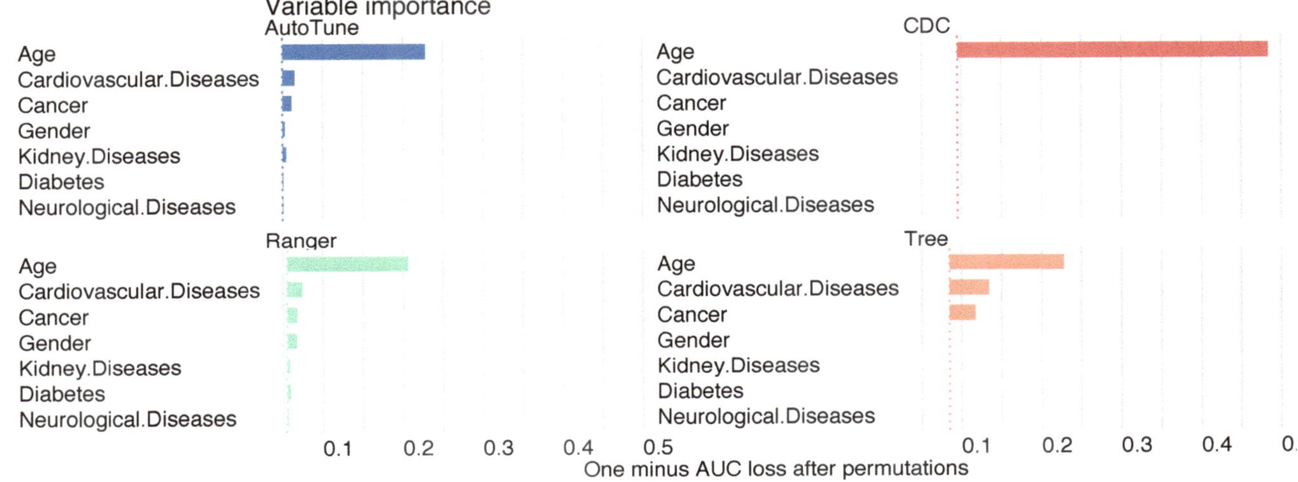

Figura 15: La importancia de variables se puede comparar entre modelos, y usualmente es una fuente de información valiosa. En este gráfico, cada barra inicia con 1-AUC para el modelo de datos originales y termina con 1-promedio de AUC calculado para datos con variable permutada.

Para el modelo CDC, la única variable importante es la edad. Para el de árbol, las variables importantes son edad, Cancer, y enfermedad cardiovascular, una observación consistente con Figure 8. Para el modelo ranger y el que queda luego de afinar hiperparámetros, otras variables se toman en cuenta. Pero, la edad es indisputablemente la variable más importante en todos los modelos.

¿Buscando más aún?

La misma técnica de perturbación es útil para analizar la importancia de grupos de variables. Solo use el argumento `variable_groups`. La agrupación de variables puede ser particularmente útil si el número de variables es grande y los grupos de variables describen algunos aspectos comunes. En nuestro caso podríamos agrupar todas las enfermedades juntas.

Para variables muy correlacionadas, una técnica exploratoria de modelos es `triplot`, que resume la estructura de correlaciones con un dendrograma y además muestra la importancia de grupos de variables correlacionadas. Aún así, el análisis de la importancia de variables cuando ellas están correlacionadas debe ejecutarse con cuidado.

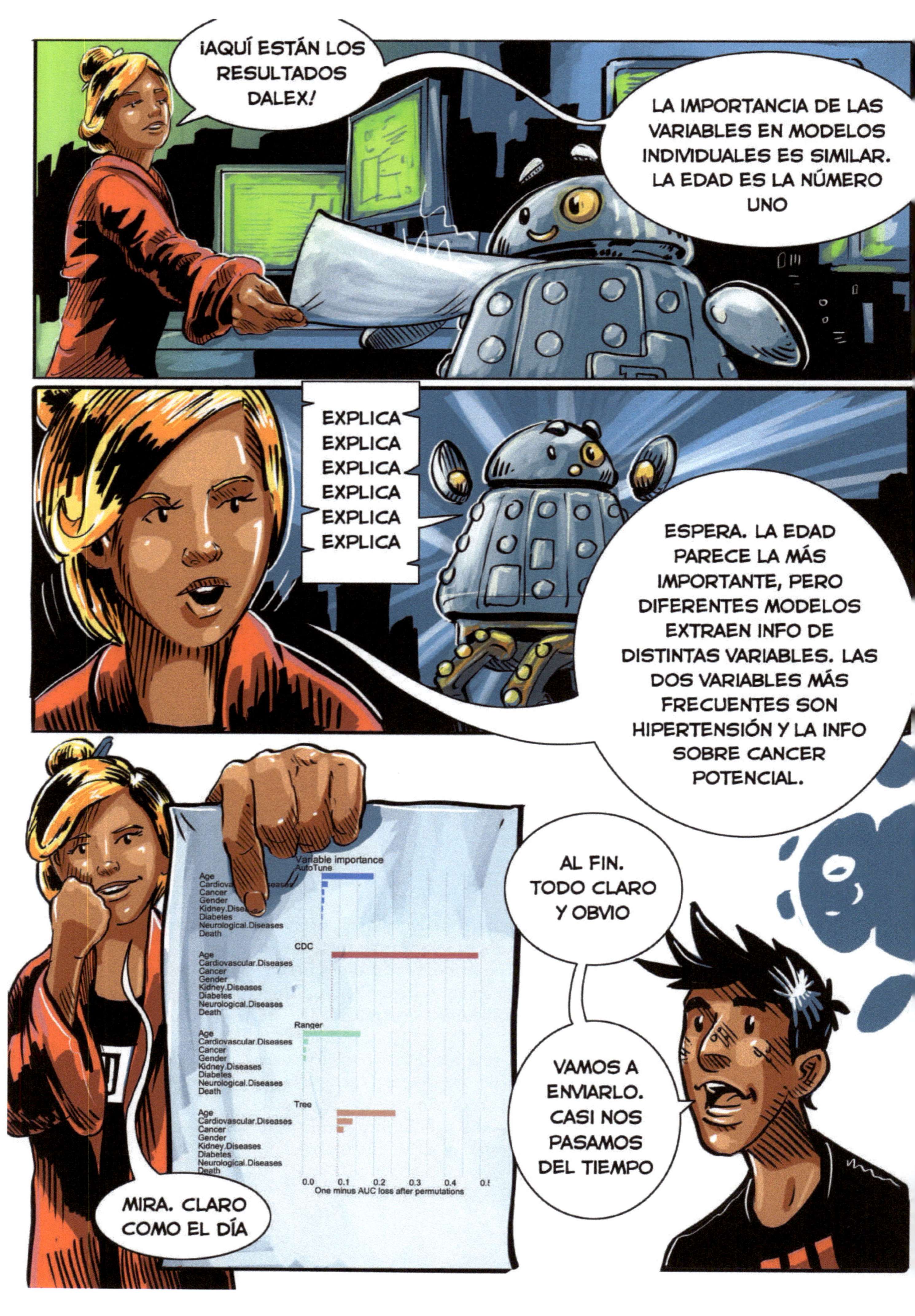

¡AQUÍ ESTÁN LOS RESULTADOS DALEX!
LA IMPORTANCIA DE LAS VARIABLES EN MODELOS INDIVIDUALES ES SIMILAR. LA EDAD ES LA NÚMERO UNO
EXPLICA EXPLICA EXPLICA EXPLICA EXPLICA EXPLICA
ESPERA. LA EDAD PARECE LA MÁS IMPORTANTE, PERO DIFERENTES MODELOS EXTRAEN INFO DE DISTINTAS VARIABLES. LAS DOS VARIABLES MÁS FRECUENTES SON HIPERTENSIÓN Y LA INFO SOBRE CANCER POTENCIAL.
Variable importance
AutoTune
Age
Cancer
Gender
Diabetes
Neurological.Diseases
Death
CDC
Age
Cardiovascular.Diseases
Cancer
Gender
Kidney.Diseases
Diabetes
Neurological.Diseases
Death
Ranger
Age
Cardiovascular.Diseases
Cancer
Gender
Kidney.Diseases
Diabetes
Neurological.Diseases
Death
Tree
Age
Cardiovascular.Diseases
Cancer
Gender
Kidney.Diseases
Diabetes
Neurological.Diseases
0.0 0.1 0.2 0.3 0.4
One minus AUC loss after permutations
MIRA. CLARO COMO EL DÍA
AL FIN. TODO CLARO Y OBVIO
VAMOS A ENVIARLO. CASI NOS PASAMOS DEL TIEMPO

¡FÁCIL! LA PRISA LO ARRUINA TODO. HAY ALGO DE TIEMPO AÚN. ¿POR QUÉ NO PROBAR OTROS MÉTODOS DE LA PIRÁMIDE DE EXPLORACIÓN DE MODELOS? SABEMOS QUE LA EDAD IMPORTA, PERO ¿CÓMO SE TRADUCE ESO AL RIESGO DE MUERTE? DEBEMOS USAR OTRAS TÉCNICAS, COMO DEPENDENCIA PARCIAL, PARA VER LA CORRELACIÓN ENTRE EDAD Y LOS RESULTADOS DEL MODELO
CIERTO CIERTO CIERTO
HouseAge
AveOccup

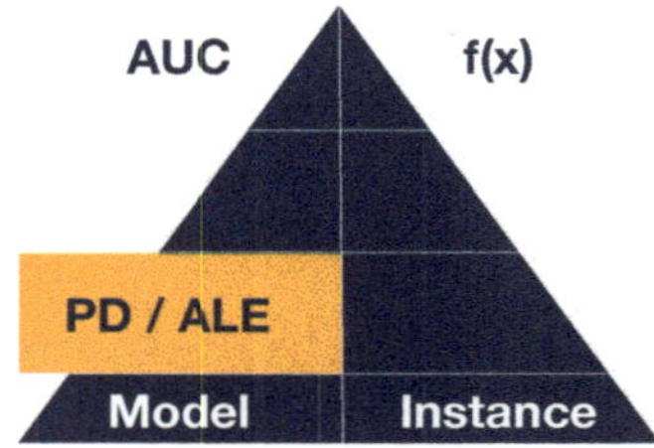

Ambos métodos se describen con detalle en el capítulo 17 de Explanatory Model Analysis `https://ema.drwhy.ai/partialDependenceProfiles.html`

Dependencia Parcial y Efectos Locales Acumulados

Una vez sabemos qué variables son importantes, usualmente es interesante determinar las relaciones entre una variable particular y la predicción del modelo. Técnicas populares para este tipo de análisis exploratorio de modelos son la dependencia parcial (PD) y los efectos acumulados locales (ALE).

Los perfiles de PD se introdujeron en 2001 para modelos de aumento de gradiente, pero se pueden usar independientemente del modelo. Este método se basa en el análisis del modelo promedio de respuesta después de reemplazar la variable i con el valor de t.

Más formalmente, el perfil de dependencia parcial para la variable i es una función de t definida como

$$PD(i,t) = E\left[f(x_1, ..., x_{i-1}, t, x_{i+1}, ..., x_p)\right],$$

donde el valor esperado se calcula sobre la distribución de los datos. El estimador más directo es

$$\widehat{PD}(i,t) = \frac{1}{n}\sum_{j=1}^{n} f(x_1^j, ..., x_{i-1}^j, t, x_{i+1}^j, ..., x_p^j).$$

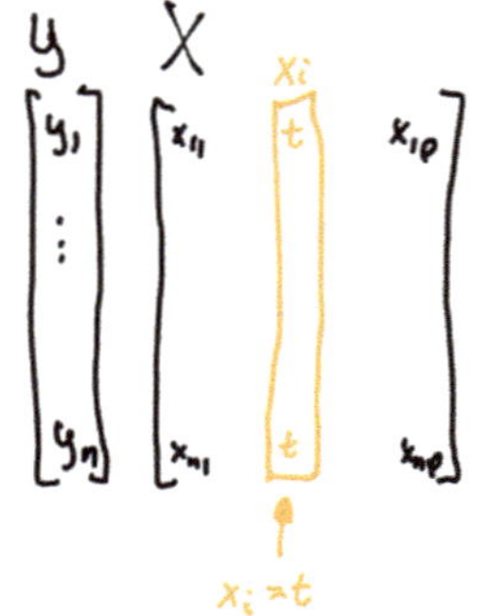

Figura 16: En los datos, la variable i se reemplaza con el valor t, y luego un modelo de respuesta promedio se calcula.

Reemplazar la iésima variable por t puede llevar a observaciones extrañas, especialmente cuando la variable i está correlacionada con otras variables e ignoramos la estructura de correlación. Una solución son los perfiles de efectos locales acumulados, los cuales promedian sobre la distribución condicional.

El análisis del perfil PD para cada variable lleva consigo mucha información. Pero, tenga en cuenta que con modelos complejos, usted debe esperar interacciones complejas. Así, un perfil global para una variable puede ser una simplificación excesiva. Una extensión de los perfiles PD es calcularlos en subgrupos definidos por otras variables o basado en segmentos de observaciones encontradas con el modelo de respuestas. Encontrará algunos ejemplos aquí abajo.

Fragmentos de R

Usamos la función `model_profile` del paquete `DALEX` para calcular el perfil de la variable. El único argumento requerido es el modelo a analizar. Es una buena idea especificar como segundo argumento los nombres de las variables para estimar el perfil; de lo contrario, los perfiles se calcularán para todas las variables, lo que puede tomar algo de tiempo. Se puede especificar además Se puede especificar la cuadrilla exacta de valores para calcular los perfiles.

El promedio se calcula para la distribución especificada en el argumento `data` del explainer. Aquí calculamos los perfiles PD para la variable edad con los datos `covid_summer`.

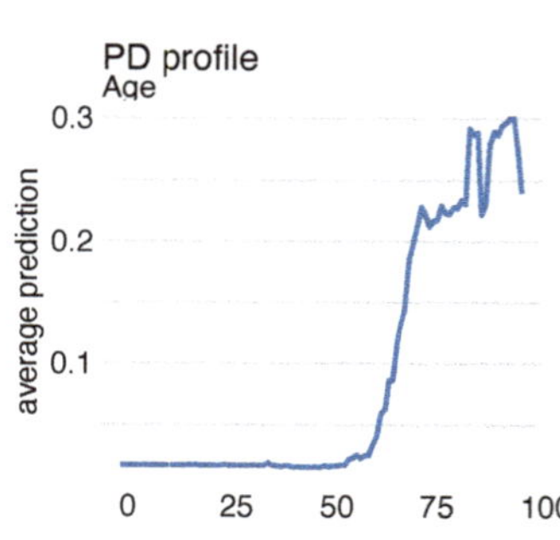

Figura 17: Partial dependence profile for Age variable.

```
mp_ranger <- model_profile(model_ranger, "Age")
# See Figure 17
plot(mp_ranger)
```

Como tenemos cuatro modelos vale comparar cómo difieren en términos de respuesta a la variable edad.

```
mp_cdc    <- model_profile(model_cdc, "Age")
mp_tree   <- model_profile(model_tree, "Age")
mp_tuned  <- model_profile(model_tuned, "Age")
# See Figure 20
plot(model_cdc, model_tree, mp_ranger, model_tuned)
```

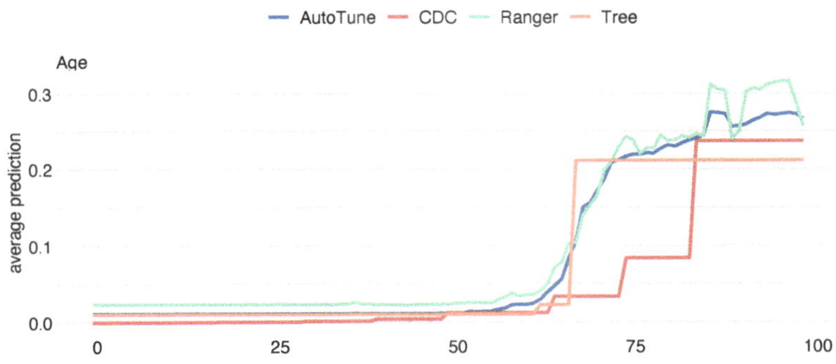

Figura 18: Cada color indica un modelo diferente. El modelo CDC tiene un aumento brusco desplazado en el riesgo de muerte. Los modelos basados covid_spring son más probables de ubicar el aumento dramático en el riesgo con una edad cercana a los 65 años. El modelo de árbol es demasiado superficial para capturar el riesgo cada vez mayor en el grupo de mayor edad. A pesar de esto, los modelos son bastante consistentes en cuanto a la forma general de la relación.

Perfiles de Dependencia Parcial Grupal

Por default, el promedio se calcula para todas las observaciones. Pero con el argumento groups se puede especificar una variable de agrupamiento. Los perfiles PD se calculan independientemente para cada nivel de esta variable.

```
mgroup_ranger <- model_profile(model_ranger, "Age",
                               groups = "Diabetes")
# See Figure 19
plot(mgroup_ranger)
```

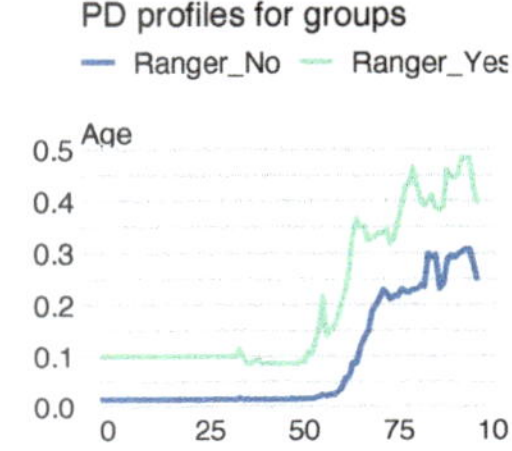

Figura 19: Dependencia Parcial para edad en grupos definidos por variable Diabetes.

Perfiles de Dependencia Parcial en Clusters

Si el modelo es aditivo, entonces los perfiles individuales (ver próxima sección sobre perfiles *Ceteris Paribus*) son paralelos. Pero si el modelo tiene interacciones, los perfiles individuales pueden tener distintas formas para diferentes valores de variables en cada interacción. Para ver si hay tales interacciones, podemos calcular los perfiles individuales en clusters.

Si especificamos el argumento k, entonces la función model_profile ejecuta una agrupación jerárquica de perfiles, determina el grupo de los k perfiles más distintivos y entonces calcula la dependencia parcial para cada estos grupos separadamente.

```
mclust_ranger <- model_profile(model_ranger, "Age",
                               k = 3, center = TRUE)
# See Figure 20
plot(mclust_ranger)
```

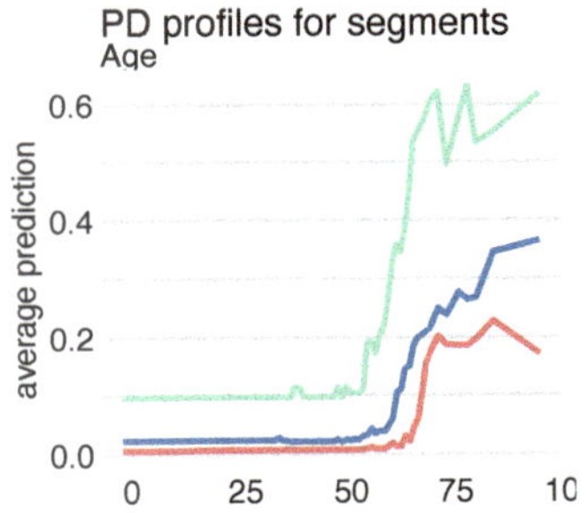

Figura 20: Partial Dependence for three segments.

MIRA EL EFECTO...
Perfil de Dependencia Parcial
Creado para el modelo AutoTune, CDC, Tree, Ranger
AutoTune — CDC —Tree — Ranger
25 50 75 100
DE LA VARIABLE EDAD EN CADA MODELO
ESTOY MIRANDO, PERO ¿QUÉ HAY AHÍ PARA NOSOTROS?
PARA LOS AGENTES JÓVENES, TODOS LOS MODELOS SUGIEREN UN BAJO RIESGO RELATIVO
65-80
PERO, LOS TRES MODELOS ASIGNAN UN RIESGO MÁS ALTO DE MUERTE PARA AQUELLOS CON EDAD 65-80, EN COMPARACIÓN CON EL MODELO CDC
<30
¡HA! ESAS SON DIFERENCIAS MENORES. TODOS LOS MODELOS LUCEN RAZONABLES. NO DIGAS QUE NO. DE HECHO, PODEMOS ENVIARLOS A MR MI2. MISIÓN CUMPLIDA

YA TENEMOS EL MEJOR MODELO. PERO AÚN DEBERÍAMOS MIRAR CÓMO EVALÚA EL RIESGO PARA INDIVIDUOS
VEAMOS PARA LOS MAYORES
Nombre: Steven
Apellido: S
Edad: 76
Sexo: Masculino
Otros: Enfermedad Cardiovascular
ÉL LUCE COMO UN TIPO EN BUENA FORMA. ME PREGUNTO CUÁL SERÁ EL RIESGO PARA STEVEN
Riesgo: 0.2678
CARAMBA. MUY ALTO. REALMENTE NO QUIERO DECIRLO, PERO NECESITAMOS MIRAR CON CUIDADO

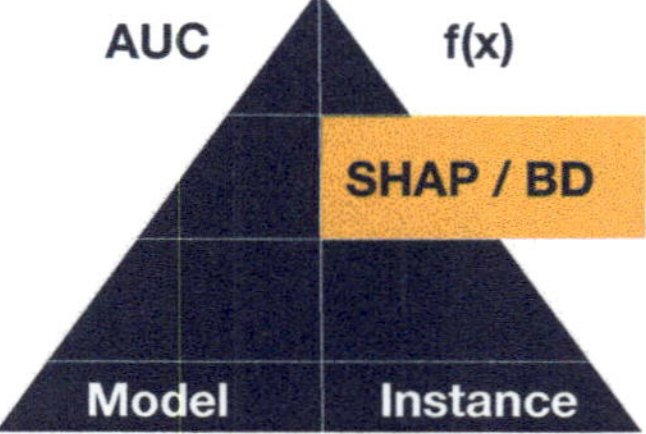

Exploración por niveles de Instancias

Desde la perspectiva del desarrollador de modelos, frecuentemente nos interesa el comportamiento global del modelo , i.e. si tiene un alto desempeño o cómo cambia en promedio en función de alguna variable. Pero la perspectiva del usuario es distinta pues al usuario le puede interesar la predicción individual relacionada consigo mismo. A menudo escuchamos "justo para explicar", que significa que para un modelo de predicción, debemos ser capaces de encontrar qué variables influenciaron significativamente el modelo. Especialmente para decisiones de alto nivel, debemos enriquecer al modelo con tanta información como sea posible para sustentar predicciones responsables e informadas.

Valores Shapley y gráficos de descomposición

Para datos tabulares, una de las técnicas más usadas para la atribución local de variables es los valores Shapley. La idea clave en este método es analizar la secuencia de valores esperados condicionados. De esta manera, podemos trazar cómo el promedio condicional se desplaza desde el modelo promedio de respuesta hasta la predicción del modelo para la observación x^*. Consideremos una secuencia de valores esperados.

$$
\begin{aligned}
\mu &= E\left[f(X)\right], \\
\mu_{x_1} &= E\left[f(X)|X_1 = x_1^*\right], \\
\mu_{x_1,x_2} &= E\left[f(X)|X_1 = x_1^*, X_2 = x_2^*\right], \\
&\dots \\
\mu_{x_1,x_2,\dots,x_p} &= E\left[f(X)|X_1 = x_1^*, X_2 = x_2^*, \dots, X_p = x_p^*\right] = f(x^*).
\end{aligned}
$$

Con diferencias consecutivas como estas $\mu_{x_1} - \mu$, $\mu_{x_1,x_2} - \mu_{x_1}$, se pueden calcular los efectos adicionales de variables individuales, ver ejemplo en la Figura 21. Suena como una solución directa. Pero, hay dos problemas con esta aproximación.

Primero, no es fácil estimar el valor esperado condicional. En ocasiones, se asume que las variables son independientes, y luego estimamos μ_K como la respuesta promedio del modelo con variables en el conjunto K reemplazadas por sus valores correspondientes desde la observación x^*. Así el estimado inicial sería

$$
\widehat{\mu}_K = \frac{1}{n}\sum_{i=1}^{n} f(x_1^o, x_2^o, \dots, x_p^o), \text{ donde } \begin{cases} x_j^o = x_j^*, \text{ if } j \in K \\ x_j^o = x_j^i, \text{ if } j \notin K. \end{cases}
$$

El otro problema es que estos efectos pueden depender del órden condicional. ¿Cuál es la solución para este problema? El método de valores Shapley calcula las atribuciones como un promedio de todos (o al menos un número aleatorio grande de) ordenamientos, mientras que el método de descomposición usa un ordenamiento sencillo con un heurístico voraz que prefiere variables con la atribución más grande al comienzo.

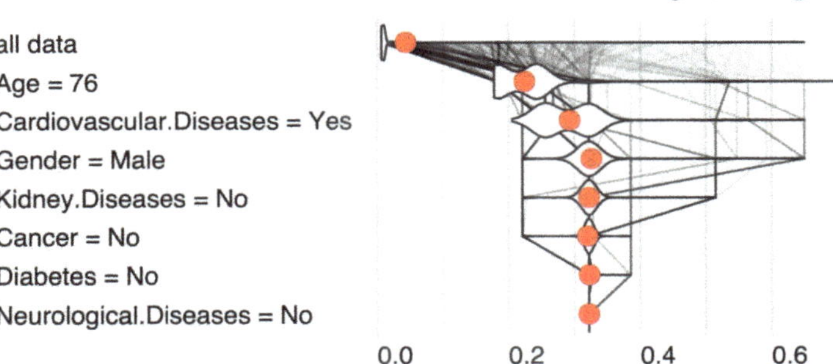

Figura 21: Se muestran las distribuciones condicionales (vioplots) y los valores esperados condicionales (puntos rojos). La líneas grises entre filas muestran cómo cambian las predicciones para cada observación luego de reemplazar la siguiente variable con el valor desde la observation x^*. Al analizar tal secuencia de condiciones, podemos leer qué variables explican significativamente las diferencias entre la respuesta promedio del modelo (primera fila) y la respuesta observada del modelo (la última fila).

Fragmentos de R

Usemos una observación para examinar al modelo más de cerca. Por ejemplo, un hombre hipertenso de 76 años. Mostramos el análisis de un modelo local usando `model_ranger` como ejemplo.

```
Steve <- data.frame(Gender = factor("Male", c("Female", "Male")),
   Age                     = 76,
   Cardiovascular.Diseases = factor("Yes", c("No", "Yes")),
   Diabetes                = factor("No", c("No", "Yes")),
   Neurological.Diseases   = factor("No", c("No", "Yes")),
   Kidney.Diseases         = factor("No", c("No", "Yes")),
   Cancer                  = factor("No", c("No", "Yes")))
predict(model_ranger, Steve)
# 0.322
```

Para un modelo y observación específicos, la función `predict_parts` calcula las atribuciones locales de una variable. El argumento óptimo `order` exigen una secuencia específica de variables. De no especificarse, entonces un heurístico voraz inicia el condicionamiento con las variables más relevantes. Los resultados se presentan en la Figura 22.

```
(bd_ranger <- predict_parts(model_ranger, Steve))
#                                        contribution
# Ranger: intercept                          0.043
# Ranger: Age = 76                           0.181
# Ranger: Cardiovascular.Diseases = Yes      0.069
# Ranger: Gender = Male                      0.033
# Ranger: Kidney.Diseases = No              -0.004
# Ranger: Cancer = No                       -0.002
# Ranger: Diabetes = No                      0.003
# Ranger: Neurological.Diseases = No         0.000
# Ranger: prediction                         0.322
plot(bd_ranger)
```

La alternativa es promediar sobre todos (o al menos muchos) ordenamientos aleatorios de variables. Así se calculan los valores Shapley. El argumento `show_boxplots` resalta la estabilidad de las atribuciones estimadas entre ordenamientos. Ver Figure 22.

```
shap_ranger <- predict_parts(model_ranger, Steve, type = "shap")
plot(shap_ranger, show_boxplots = TRUE)
```

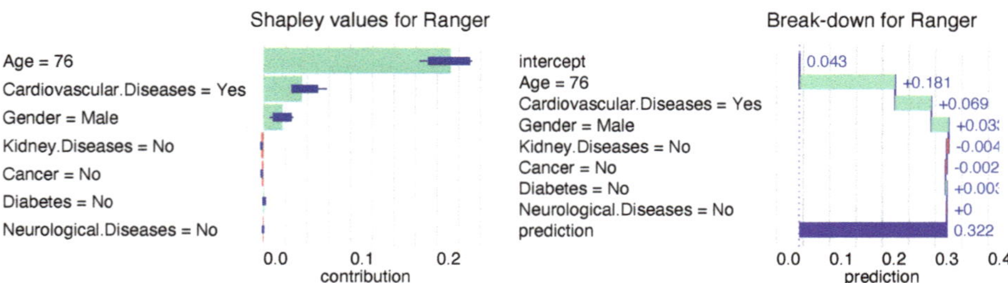

Figura 22: Valores Shapley (izq) y descomposición (der) ilustran las contribuciones de cada variable a la respuesta del modelo final. Ambas técnicas de atribución aseguran que la suma de las atribuciones individuales se agreguen a la predicción final del modelo.

Los valores Shapley son aditivos. En modelos con interacciones, es común ver muchísima simplificación. Otros valores posibles del argumento `type` son `shap`, `break_down`, `break_down_interactions`[38] o `oscillations`.

[38] Esta opción puede detectar combinaciones pareadas, ver Capítulo 7 en `https://ema.drwhy.ai/iBreakDown.html`.

Note que por default, los estadísticos de todos los datos no se calculan con las funciones `model_parts`, `predict_parts`, `model_profiles` (porque exige mucho tiempo), sino con `n_samples` de casos aleatorios, repitiendo el proceso `B` veces para estimar las barras de error.

Ceteris Paribus

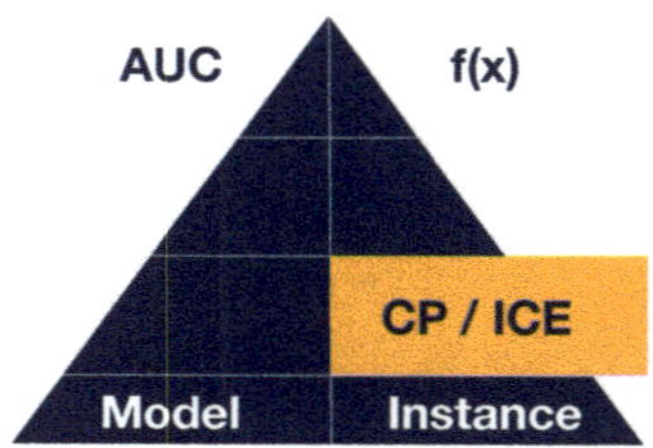

Ceteris Paribus (CP) es una frase en Latin para "dejando igual otras cosas". Esta es además una técnica muy útil para un análisis del desempeño del modelo para una simple observación. Los perfiles CP, también llamados Expectativas Condicionales Individuales (ICE), muestran cómo cambiaría la respuesta del modelo para una observación seleccionada si el valor de una variable cambiara mientras se deja sin cambios las otras variables.

Mientras la atribución local de variables es conveniente para preguntas del tipo **cuáles** variables afectan la predicción, el análisis del perfil local es mejor para responder **cómo** la respuesta del modelo depende de una variable particular, preguntas de **qué pasaría si**...

Fragmentos de R

La función `predict_profiles()` calcula perfiles CP para un modelo y unas observaciones seleccionadas. Por default, calcula los perfiles para todas las variables, pero se puede limitar a una lista específica de variables con el vector `variables`.

```
cp_ranger <- predict_profile(model_ranger, Steve)
cp_ranger
#  Top profiles    :
#         Gender   Age Cardiovascular.Diseases Diabetes
# 1       Female 76.00                     Yes       No
# 1.1       Male 76.00                     Yes       No
# 11        Male  0.00                     Yes       No
# 1.110     Male  0.99                     Yes       No
```

Los perfiles pueden verse con la función `plot`. Al igual que otras explicaciones en el paquete `DALEX`, se pueden mostrar múltiples modelos en un solo gráfico. Aunque por razones técnicas variables cualitativas y cuantitativas no pueden mostrarse en un mismo gráfico. Así que si se quiere ver la importancia de variables cualitativas, se necesitará graficar separadamente.

La Figura 23 es un ejemplo de perfil CP para la variable continua `Age` y la variable categórica `Cardiovascular.Diseases`.

```
# See Figure 23
plot(cp_ranger, variables = "Age")
plot(cp_ranger, variables = "Cardiovascular.Diseases",
        categorical_type = "lines")
```

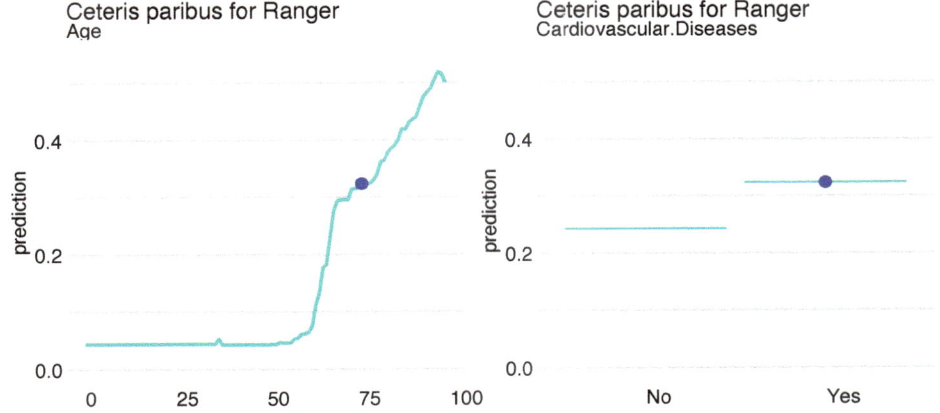

Figura 23: El punto muestra la observación bajo análisis. Los perfiles CP muestran cómo cambian las predicciones del modelo para cambios en la variable seleccionada. A la izquierda del perfil CP, la variable continua `Age`, a la derecha la variable categórica `Cardiovascular.Diseases`. Para variables categóricas, se puede especificar cómo los perfiles CP deberían verse definiendo el argumento `categorical_type`.

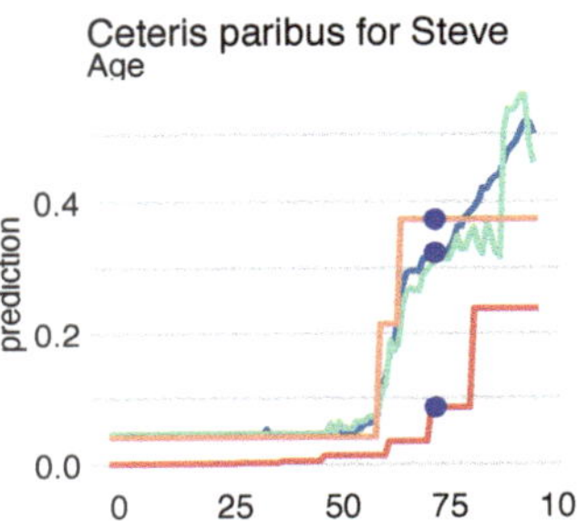

Figura 24: CP profiles for Steve, colors code four considered models.

La función `plot` puede combinar múltiples modelos, facilitando la observación de semejanzas y diferencias.

```
cp_cdc <- predict_profile(model_cdc, Steve)
cp_tree <- predict_profile(model_tree, Steve)
cp_tune <- predict_profile(model_tuned, Steve)
# Ver Figura 24
plot(cp_cdc, cp_tree, cp_ranger, cp_tune, variables = "Age")
```

Los perfiles CP son además útiles para encontrar la importancia de variables en un modelo. Mientras más fluctúen los perfiles, más importante será la variable. Tal medida de importancia se implementa en la función `predict_parts` con la opción `type = "oscillations"`[39].

```
predict_parts(model_ranger, Steve, type = "oscillations")
#                    _vname_ _ids_ oscillations
# 2                      Age     1   0.22872998
# 6          Kidney.Diseases     1   0.16371903
# 7                   Cancer     1   0.09641507
# 4                 Diabetes     1   0.05052652
# 3  Cardiovascular.Diseases     1   0.03984208
# 1                   Gender     1   0.03308303
# 5     Neurological.Diseases     1   0.03164090
```

[39] El tamaño de la oscilación puede medirse de muchas maneras, por default, es un área entre el perfil CP y la línea horizontal al nivel del modelo de predicción.

AQUÍ TENEMOS UN ANÁLISIS DETALLADO DEL RIESGO PARA STEVE
NAZWISKO: S.
WIEK: 76 LAT
PŁEĆ: M
CHOROBY:
NADCIŚNIENIE
Cancer = No
Kidney Diseases = No
Neurological Diseases = No
Diabetes = No
prediction
0.043
+0.181
0.268
SU ALTO RIESGO RESULTA PRINCIPALMENTE POR SU EDAD E HIPERTENSIÓN. LAS OTRAS CARACTERÍSTICAS CAMBIAN VIRTUALMENTE POCO
Ceteris Paribus profile
EL RIESGO AUMENTA CON LA EDAD. LUEGO DE LOS 60, VEMOS UNA PENDIENTE MÁS FUERTE EN EL GRÁFICO
STEVE NECESITA VACUNARSE INMEDIATAMENTE

AHORA ES QUE PODEMOS CALCULAR EL RIESGO INDIVIDUAL DE CADA PERSONA
Y CON ELLO, PLANEAR EL ORDEN DE VACUNACIÓN PARA LOS AGENTES
AQUÍ LA LISTA DE LOS AGENTES
Covid-19 risk calculator
Gender: female, Age: 76, Cardiovascular Disease
After diagnosis of Covid-19 disease, the conditional probability of
severe condition is 17.9%
death is 14.72%
PREPARARÉ UNA APP
LO PUBLICAREMOS EN CRS19.PL
PARA QUE CADA QUIEN CALCULE SU RIESGO INDIVIDUAL
HARÉ UN REPORTE
Y MIENTRAS LO HACEMOS, LO ENVIARÉ EN EL ÚLTIMO MINUTO DENTRO DEL TIEMPO FIJADO POR MR. MI2
KLIK!

Despliegue del Modelo

Hemos creado el modelo a partir de los datos de Covid, junto con las explicaciones descritas en este libro, disponibles en la página web `https://crs19.pl/`. Luego de dos meses, decenas de miles de personas lo usaron. Con las herramientas adecuadas la implementación de tal modelo no es difícil.

Para tener un modelo efectivo y seguro, es necesario ejecutar un análisis exploratorio de modelos detallado. No obstante, no siempre tenemos mucho tiempo para eso. Por eso las herramientas que facilitan una exploración automatizada y rápida resultan tan útiles.

Entre estas herramientas está `modelStudio`[40]. Es un paquete que transform un explainer a una página HTML con interacción apoyada en javascript. Tal página HTML es fácil de guardar en un disco y compartir por email. La página web tiene varias explicaciones pre-calculadas, así que su generación puede llevar tiempo, pero la exploración de modelos es muy rápida, y el ciclo de retroalimentación es ajustado.

[40] Hubert Baniecki and Przemyslaw Biecek. The Grammar of Interactive Explanatory Model Analysis. *Arxiv*, 2020. URL `https://arxiv.org/abs/2005.00497`

Generar un `modelStudio` para un explainer es trivialmente sencillo.

```
library("modelStudio")
ms <- modelStudio(model_ranger)
# See Figure 25
ms
```

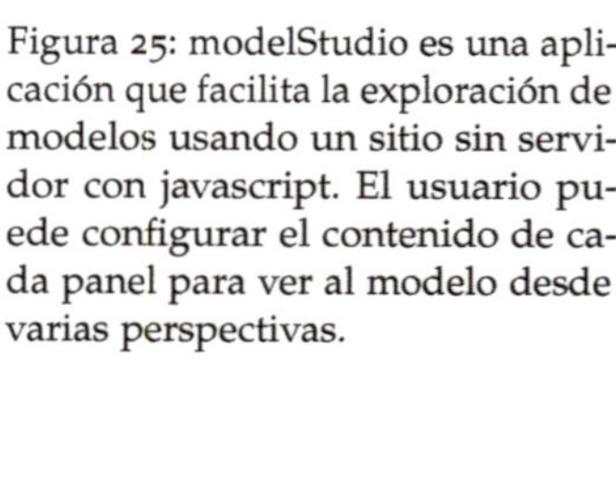

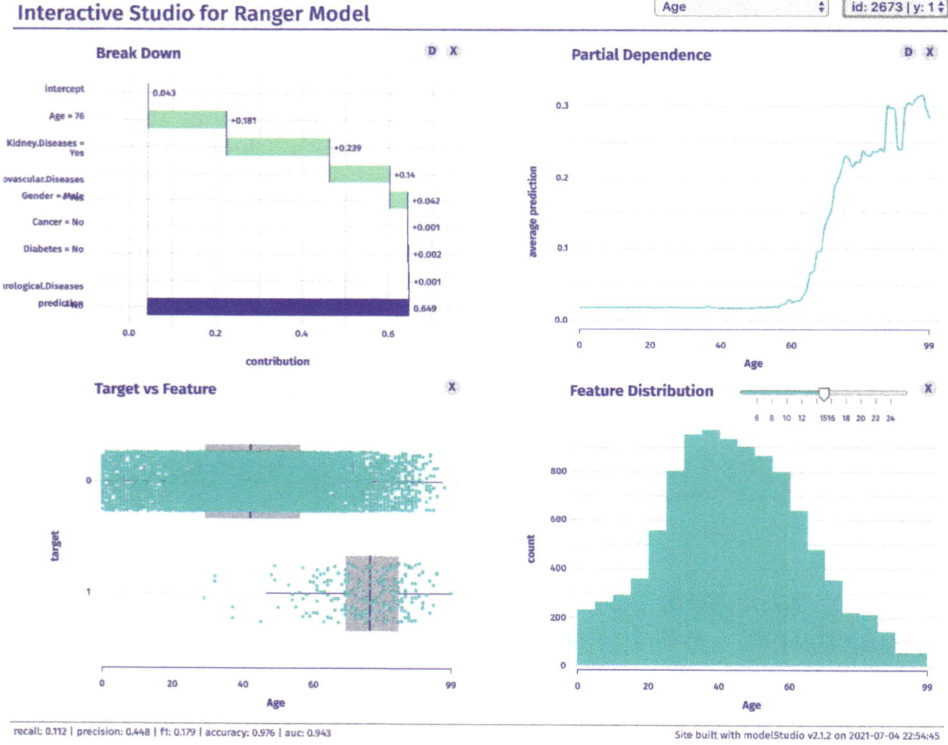

Figura 25: modelStudio es una aplicación que facilita la exploración de modelos usando un sitio sin servidor con javascript. El usuario puede configurar el contenido de cada panel para ver al modelo desde varias perspectivas.

Un dashboard de ejemplo construido para un modelo con docenas de variables y miles de filas para predecir el valor de jugadores de futbol basado en datos de la FIFA está disponible en `https://pbiecek.github.io/explainFIFA20/`.

Si queremos automatizar la comparación de varios modelos, Arena es una herramienta muy conveniente. Esta puede trabajar en dos modos: en vivo (con un servidor que añade los estadísticos necesarios durante su ejecución) o con estadísticos predeterminados. En el caso de muchos modelos con grandes datos, el modo en vivo es más conveniente.

The dashboard is created with the create_arena function. Then with push_model and push_observations, one can add more models and more observations for model exploration. The resulting object can be turned into the live web application with the run_server function.

The snippet below turns four covid models into a dashboard.

```
library("arenar")
library("dplyr")

covid_ar <- create_arena(live = TRUE) %>%
    push_model(model_cdc) %>%
    push_model(model_tree) %>%
    push_model(model_ranger) %>%
    push_model(model_tuned) %>%
    push_observations(Steve)
# See Figure 26
run_server(covid_ar)
```

Figura 26: The arenar is a web application that facilitates exploration of multiple models.

An example dashboard built for a model for dozens of variables and several thousand rows on football player worth prediction based on the FIFA dataset is available at https://arena.drwhy.ai/?demo=1.

AHORA LO DIRÉ.
¡ESTAMOS LISTOS!
Y ESTARÉ DE ACUERDO CONTIGO ESTA VEZ
FUE UNA TAREA RETADORA. AHORA ESTAMOS LIBRES. HAGAMOS ALGO LOCO
2 minutos después
???

POR FAVOR, HERMANA TÚ ERES LA QUE TIENE LA IDEA DE DIVERSIÓN
PROGRAMANDO UNA IA PARA JUGAR TETRIS. ESTO SÍ ES ALGO
EXPLICA EXPLICA EXPLICA
MI DATA LAB
¿Y SI PENSAMOS DONDE PODEMOS USAR MODELOS SIMILARES?
...BETAAA!!!

Hubert Baniecki and Przemyslaw Biecek. The Grammar of Interactive Explanatory Model Analysis. *Arxiv*, 2020. URL https://arxiv.org/abs/2005.00497.

Przemyslaw Biecek. DALEX: Explainers for Complex Predictive Models in R. *Journal of Machine Learning Research*, 19(84):1–5, 2018. URL https://jmlr.org/papers/v19/18-416.html.

Przemyslaw Biecek and Tomasz Burzykowski. *Explanatory Model Analysis*. Chapman and Hall/CRC, New York, 2021. URL https://pbiecek.github.io/ema/.

L. Breiman, J. H. Friedman, R. A. Olshen, and C. J. Stone. *Classification and Regression Trees*. Wadsworth and Brooks, Monterey, CA, 1984.

Leo Breiman. Random forests. *Machine Learning*, 45(1):5–32, 2001a. ISSN 0885-6125.

Leo Breiman. Statistical modeling: the two cultures. *Statistical Science*, 16(3):199–231, 2001b.

Torsten Hothorn and Achim Zeileis. partykit: A modular toolkit for recursive partytioning in R. *Journal of Machine Learning Research*, 16: 3905–3909, 2015.

Gareth James, Daniela Witten, Trevor Hastie, and Robert Tibshirani. *An Introduction to Statistical Learning: with Applications in R*. Springer, 2013. URL https://www.statlearning.com/.

Michel Lang, Martin Binder, Jakob Richter, Patrick Schratz, Florian Pfisterer, Stefan Coors, Quay Au, Giuseppe Casalicchio, Lars Kotthoff, and Bernd Bischl. mlr3: A modern object-oriented machine learning framework in R. *Journal of Open Source Software*, 2019. DOI: 10.21105/joss.01903.

Andy Liaw and Matthew Wiener. Classification and Regression by randomForest. *R News*, 2(3):18–22, 2002.

R Core Team. *R: A Language and Environment for Statistical Computing*. R Foundation for Statistical Computing, Vienna, Austria, 2021. URL https://www.R-project.org/.

Hadley Wickham and Garrett Grolemund. *R for Data Science: Import, Tidy, Transform, Visualize, and Model Data*. O'Reilly Media, Inc., 2017.

Marvin N. Wright and Andreas Ziegler. ranger: A fast implementation of random forests for high dimensional data in C++ and R. *Journal of Statistical Software*, 77(1):1–17, 2017.

www.ingramcontent.com/pod-product-compliance
Ingram Content Group UK Ltd.
Pitfield, Milton Keynes, MK11 3LW, UK
UKHW060025300726
14090UKWH00019B/1078

9 788365 291141